Lucius Annaeus Senecio

Deutsche Grammatik

Die unverzichtbaren Grundlagen
der Schriftsprache

Die **Deutsche Grammatik** richtet sich an jene, deren Ziel richtiges und hohes Schriftdeutsch ist. Sie vermittelt die unverzichtbaren Grundlagen der deutschen Wortartlehre und Syntax (Satzlehre). Sei es, daß Sie Ihr Schriftdeutsch auf festen Fuß stellen wollen, sei es, daß Sie Deutsch als Fremdsprache einwandfrei lernen möchten, sei es, daß Sie beabsichtigen, schnell und sicher das Latinum oder Graecum zu erwerben, sei es, daß Sie eine germanische oder romanische Sprache Ihrer Muttersprache hinzuzufügen wünschen, sei es, daß Sie begehren, Goethe und Schiller endlich einmal wirklich zu verstehen, deutsche Basisgrammatik ist das Fundament, worauf allein ein sicheres, festes und hohes Gebäude sich errichten läßt.

Lucius Annaeus Senecio, geboren 1973 in Landshut/Bayern, hat Altertumswissenschaften und Kunstgeschichte an der Universität Salzburg sowie Musikpädagogik am Salzburger Mozarteum studiert. Er unterrichtet Latein, Altgriechisch und deutsche Grammatik an dem von ihm gegründeten Sprachinstitut *Ad Fontes* in Berlin. Als Autor und Übersetzer folgt er ganz dem rhetorischen Gedanken der Antike, was sich in gewandtem Umgang mit Grammatik und virtuosem Stil manifestiert. Zu Senecios Werken zählen seine politisch unkorrekten Aphorismen *Erst das Fressen, dann nie Moral* sowie seine revolutionäre Übertragung der *Epistulae morales* des Seneca ins Deutsche.

Lucius Annaeus Senecio

Deutsche Grammatik

Die unverzichtbaren Grundlagen
der Schriftsprache

7. Auflage

AD FONTES

AD FONTES

Bibliographische Information der Deutschen Nationalbibliothek
Die Deutsche Nationalbibliothek verzeichnet diese Publikation in
der Deutschen Nationalbibliographie; detaillierte bibliographische
Daten sind im Internet über www.dnb.de abrufbar.

7. Auflage

www.adfontes-sprachinstitut.de
Umschlagmotiv: Johann Christoph Friedrich von Schiller,
Über die ästhetische Erziehung des Menschen in einer Reihe von Briefen,
Erster Brief (Anfang)
Umschlaggestaltung & Satz: Hypatia Senecio
Herstellung und Verlag: Books on Demand GmbH, Norderstedt.
ISBN 978-3-844803-22-8

Inhalt

Vorwort

Wer auch immer an das Studium einer Sprache heranschreitet, muß sich zweierlei Ding erstreiten, nämlich Kenntnis sowohl des Wortschatzes als auch der Grammatik. Die Grammatik aber gliedert sich ebenfalls in zwei Bereiche: Morphologie (Formenlehre) und Syntax (Satzlehre). Dieses Buch vermittelt die unverzichtbaren Grundlagen der deutschen Syntax. Während die üblichen „Phänomengrammatiken" lediglich Darstellungen des Sprachüblichen bieten, lehrt dieses übersichtliche Werk erstmals die Fundamente des Sprachüblichen, welches ohne Kenntnis jener sich als unüberschaubare diffuse Masse ausbreitet. Diese kleinsten gemeinsamen Nenner aber bilden die Basis sowohl des Deutschen als auch des Lateinischen und Altgriechischen und liegen ebenso etwa dem Englischen wie den romanischen Sprachen zugrunde. Sei es also, daß Sie Ihr Schriftdeutsch auf festen Fuß stellen, sei es, daß Sie Deutsch als Fremdsprache einwandfrei lernen wollen, sei es, daß Sie beabsichtigen, schnell und sicher das Latinum oder Graecum zu erwerben, sei es, daß Sie eine germanische oder romanische Sprache Ihrer Muttersprache hinzuzufügen wünschen, sei es, daß Sie begehren, Goethe und Schiller endlich einmal wirklich zu verstehen, deutsche Grundlagengrammatik ist das Fundament, worauf allein ein sicheres, festes und hohes Gebäude sich errichten läßt. Zuerst muß das Allgemeine bekannt sein, dann wird das Besondere sich ganz von selbst bei Ihnen einstellen. Schwierig ist immer nur, einen Bau von oben zu beginnen und ein Pferd von hinten aufzuzäumen. 1000 Seiten Duden können warten; vorerst kommen Sie mit 10 Mal weniger 10 Mal weiter.

Diese Grammatik richtet sich an jene, deren Ziel richtiges und hohes Schriftdeutsch ist. Sie ist daher ganz selbstverständlich an den deutschen Klassikern (Schiller, Goethe, Voß usw.) ausgerichtet. Fast sämtliche Beispielsätze sind in Hinblick auf Wortwahl und Inhalt klassischer Natur. Grammatik nämlich ist die Anatomie des äußeren Logos, also des Wortes, und wird nur bedingt verständlich, wenn der innere Logos, also der Gedanke, zu seicht und oberflächlich ist. Da aber die klassische deutsche Grammatik weitgehend an der lateinischen Grammatik geschult ist, diese wiederum an der altgriechischen, wird stets auch auf diese beiden antiken Sprachen zurückgeblickt. Das geschieht allerdings so, daß einerseits der nur am Deutschen interessierte Leser dadurch nicht gestört oder verwirrt wird, andererseits all jene, welche ihrem altsprachlichen Studium ein sicheres Fundament legen wollen, entscheidende Bereicherung erfahren.

Wer auch immer dieses Buch gewissenhaft studiert haben wird, wird die grundlegende Terminologie und Phänomenologie sich anverwandelt haben und in dem Stande sein, die Syntax eines jeden deutschen Satzes genau zu durchleuchten. Natürlich wird auch dann noch keineswegs alles von selbst sich erklären, doch wird sich kaum noch ein grammatisch richtiger Satz finden, dessen Grammatica auf der Basis des hier Vermittelten großenteils oder insgesamt nicht verständlich sind. Goethe, Schiller oder Vossens Homer werden sich ganz anders lesen als zuvor, sich sogleich weit transparenter zeigen und nicht nur als die angenehmste Lektüre erweisen, sondern auch als die lehrreichste. Keine Grammatik des Deutschen wird jemals mehr ein Buch mit sieben Siegeln scheinen, Spanisch nicht mehr spanisch, Griechisch nicht mehr griechisch vorkommen, und auch mit Ihrem Latein werden Sie nicht länger am Ende sein. Wagen Sie, um ein berühmtes Wort des großen Horaz zu gebrauchen, verständig zu sein. Denn mitten ins Schwarze trifft ja der Ausspruch Ciceros, jenes Großmeisters der Wortkunst: „Nicht so vortrefflich ist, die eigene Sprache zu beherrschen, wie schändlich, sie nicht zu beherrschen."

Berlin, im April 2015
Lucius Annaeus Senecio

Einleitung

Grammatik (γραμματική [τέχνη] = dem Buchstaben zugehörige Wissenschaft) ist die Anatomie der Sprache. Sie lehrt uns Bau und Funktionsweise sowohl einzelner Wörter als auch zusammengehöriger Wortgruppen und ganzer Sätze. Indem sie dieses aber vollbringt, lehrt sie uns ein tiefes Verstehen der geschaffenen Welt, deren Teile Sprache beschreibt, welche eben der Leib ist, dessen Glieder und Organe die Grammatik erforscht. Jedes Ding, das in der Welt ist, kann beschrieben werden; die Farben, welcher wir uns bedienen, sind Wörter, Werkzeuge aber Zunge und Feder.

Schon Aristoteles stellte fest, daß es Grundbegriffe aller Dinge gibt, die sich unter keinen gemeinsamen Oberbegriff subsummieren lassen. Diese Grundbegriffe nannte er Kategorien. Hauptkategorie ist die Substanz (Sein an sich), welche stets bestimmt ist durch Akzidentia (Sein an einem anderen), derer neun existieren: Tun, Leiden, Lage, Zustand, Quantität, Qualität, Relation, Raum, Zeit.

Nun gibt es aber vier Hauptwortarten, welche geeignet sind, den Kosmos des Seins zu beschreiben: Substantiv, Verb, Adjektiv, Adverb. Der Substanz ist das Substantiv zugeordnet, dem Tun und Leiden, der Lage und dem Zustand das Verb, der Quantität, Qualität und Relation das Adjektiv, dem Raum und der Zeit das Adverb.

Nichts existiert, das sich nicht wenigstens durch Form und Existenz auszeichnet. Deshalb muß jede Seinsbeschreibung mindestens aus einem Prädikat (Verb) und einem Subjekt (Substantiv [oder Vertreter]) bestehen. Wollen wir jedoch nicht nur bloßes Sein beschreiben, sondern komplexes Geschehen, bedürfen wir der Objekte, Adverbialia und Attribute. Fehlen uns die Wörter und die Kunst ihrer Anwendung, können wir nicht zum Ausdruck bringen, was wir sehen, auch aber – und dies ist bei weitem bedeutender – nicht denken, was gedacht werden kann, und was immer wir nicht im Kopf haben, können wir auch nicht auf den Lippen haben: Wenn wir etwas nicht wissen, nicht verstehen, können wir es auch nicht sagen und, falls es sich um Moralisches handelt, nicht einmal tun. Wer immer nämlich nicht denken kann, was das Gerechte ist, kann es auch nicht sagen, weit weniger noch tun. Das doch ist ein erbärmlich Dasein, in welchem etwas moralisch Gutes gerade einmal vom Zufall vollbracht zu werden vermag!

Höhe und Tiefe des Denkens hängen von der Beherrschung der Grammatik ab, und niemand, der nicht bewußt vom Aktiv ins Passiv zu wechseln versteht, versteht die Welt, in die er hineingeboren, auch nur ansatzweise. Grammatik ist der Schlüssel zum Verstehen, und wer immer ihn nicht hat, steht vor hoffnungslos verschlossenen Toren.

	Substantiv	Verb	Adjektiv	Adverb
Substanz	•			
Tun				
Leiden				
Lage		•		
Zustand				
Quantität				
Qualität			•	
Relation				
Raum				•
Zeit				

NICHT BIST DU
DEINER MÜHEN
VERLUSTIG GEGANGEN,
WENN DU DIR SELBST
GELERNT HAST.

Seneca

Grammatica

Wortarten

1. Über die Materie der Sprache

Wie Menschen sich in Hinblick auf ihr individuelles Wesen unterscheiden, so unterscheiden sich auch Wörter hinsichtlich ihrer Art, und wie es unmenschlich ist, Menschen bestimmten Wesens in nicht wesensgemäße Berufe zu pressen, so ist es ungrammatisch, Wörtern bestimmter Art unerfüllbare Aufgaben zuzuteilen. Jedes Wort einer bestimmten Art kann also nur bestimmte Stellen im Satze ausfüllen; Wörter bestimmter Art treten also als Satzglieder bestimmter Funktion auf.[1]

Wie es mehrere Menschenvölker gibt, so gibt es auch mehrere Wortvölker, die sich ebenso wie jene in Stammesverbände, Sippen, Familien und Individuen unterteilen. Wie das römische Volk etwa sich in drei Hauptstämme[2] gliederte, so, könnte man sagen, gliedert sich das Volk der Wörter in drei Stammesfamilien:

- Declinabilia
- Coniugabilia[3]
- Indeclinabilia

---

[1] Ein Substantiv zum Beispiel kann als Satzglied etwa Subjekt oder Objekt sein, unmöglich aber Prädikat.

[2] Ramnes, Tities, Luceres.

[3] Diesen Begriff habe ich analog zu Declinabilia (Gegensatz: Indeclinabilia) gebildet.

Declinabilia sind alle Wörter, die dekliniert werden können, *Coniugabilia* all jene, die konjugiert werden können, *Indeclinabilia* alle Wörter, die gar nicht gebeugt werden können. Nun könnte man sagen, um von den irdischen Dingen nicht zu den himmlischen emporzusteigen, aus dem göttlichen Stamme der Coniugabilia gehen die Könige (Prädikate) hervor, welche durch ihre Macht die Declinabilia als den ausführenden Adel (Subjekte, Objekte) an sich gebunden halten und die Indeclinabilia als Bediener (Adverbialia) ihrer um sich versammeln oder als niedriges Landvolk (Partikeln) fern von ihrem Throne und den Burgen des Adels frei und ungebunden leben lassen. Wie aber die indeklinabilen Adverbialia dem Throne dienen, so dienen manche der Declinabilia dem Adel als abhängige Bauern (Attribute). Aus dem niedrigen Volk der Indeclinabilia speist sich aber auch der Sklavenstand, welcher den Dienern (Attribute, Adverbialia) dient.

2. Declinabilia

Die Declinabilia sind eigentlich nichts anderes als die sog. *Nomina*. Nomina aber sind alle Wörter, welche folgende Eigenschaften haben:

- Numerus
- Genus
- Kasus

Diese Eigenschaften aber besitzen

- Substantive
- Adjektive
- Pronomina

Auch das Verbum infinitum (Infinitiv, Partizip) könnte man als Nomen bezeichnen, wenn nicht es eben auch verbale Eigenschaften hätte und also teils Nomen, teils Verb wäre.

2. 1 Substantive & Adjektive

Ein Substantiv kann nur ganz selten als Adjektiv[4] auftreten, ein Adjektiv aber eigentlich immer als Substantiv[5]; manche Pronomina (exophorische Pronomina) können als Adjektive auftreten *(dieser Mann)*, manche als Substantive *(das Meine)*. Ein Substantiv kann im Deutschen immer den *Artikel* führen, ein Adjektiv oder Pronomen, wenn nicht es zum Substantiv geworden, niemals. Es gibt viele Arten der Substantive, viele der Adjektive, doch ist es nicht unbedingt nötig, diese genau zu kennen.

2. 2 Pronomina

Das Pronomen steht seinem Namen nach an eines anderen Nomens Statt. Manche Pronomina (exophorische Pronomina) können jedoch auch als adjektivisches Attribut eines Substantivs auftreten *(dieser Mann)*, manche selbst als Substantive *(das Meine)*. Der Pronomina Arten genaue Kenntnis ist zu erwerbender Besitz, da virtuoser Umgang mit diesen gelegentlich jeder Übersetzung aus dem Altgriechischen oder Lateinischen gefordert sein wird, auch im Deutschen aber nichts minder denn ein deutlich Zeichen des funktionalen Analphabetismus ist, wenn einer dauernd „dessen" schreibt, weil er „welches" nicht schreiben kann. Tatsächlich aber bereiten folgende Pronomina gewöhnlich große Schwierig-

---

4   Pindar war den Musen *freund*.

5   Wahrheit und *Schönes*, Güte und Gott sind das Eine über den Himmeln.

keiten und verlangen ganz besonders nach Übung: Personalpronomina, Reflexivpronomina, Relativpronomen, Interrogativpronomen. Im letzten Kapitel dieses Büchleins finden sich daher Deklinationstabellen, welche diese Problemwörter morphologisch jeweils vollständig darstellen.

2. 2. 1 Definitpronomina

Definitpronomina verweisen im Kontext eindeutig auf eine Person oder einen Gegenstand.

2. 2. 1. 1 Personalpronomina

Personalpronomina bezeichnen den oder die Sprechenden, den oder die Angesprochenen, den oder die Besprochenen.

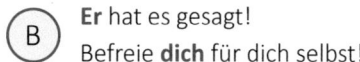

Er hat es gesagt!
Befreie **dich** für dich selbst!

2. 2. 1. 2 Possessivpronomina

Possessivpronomina („besitzanzeigende Pronomina") bringen ein Abhängigkeitsverhältnis zum Ausdruck.

Deine Gedanken sieht niemand, **deine** Taten doch liegen offen.
Mein Gott, **mein** Gott! Warum hast du mich verlassen?

2. 2. 1. 3 Demonstrativpronomina

Demonstrativpronomina („hinweisende Pronomina") verweisen auf eine Person oder Sache.

(B) Freut euch an **jenem** Tage und springt vor Freude.
Dieser Kelch ist der neue Bund in meinem Blut, das für euch vergossen wird!

2. 2. 1. 4 Interrogativpronomen

Das Interrogativpronomen („fragendes Pronomen") leitet einen abhängigen oder unabhängigen Fragesatz ein.

(B) **Was** ist Wahrheit?
Wes[sen] ist das Land, **wes[sen]** die Burg?

2. 2. 1. 5 Relativpronomen

Das Relativpronomen („bezügliches Pronomen") leitet einen Attributsatz ein und bezieht ihn auf ein oder mehrere Substantive oder Pronomina des übergeordneten Satzes.

(B) **Welchen** ich küssen werde, der ist's.
Welches Tugend nicht erprobt, den wähle Dir zum Freunde nicht!

2. 2. 1. 6 Reflexivpronomina

Reflexivpronomina („rückbezügliches Pronomen") verweisen auf Einheiten des nämlichen Satzes (Deutsch) oder des übergeordneten Satzes (Latein, Altgriechisch) zurück. Im Unterschied zu den Personalpronomina sind sie also „Boomerang-Pronomina".

(B) Ich bin **mir** freund geworden.
Wie das Auge, so sieht der Geist, während er **sich** nicht sieht, anderes.

2. 2. 1. 7 Reziprokpronomina[6]

Reziprokpronomina („wechselseitige Pronomina") drücken eine wechselseitige Beziehung aus.

B Liebet **einander** so, wie ich euch geliebt habe!
Die Göttinnen Iuno, Minerva, Venus stritten **miteinander**, welche die Schönste sei.

2. 2. 1. 8 Intensivpronomen[7]

Das Intensivpronomen hebt eine Person oder Sache intensivierend hervor. Das deutsche Intensivpronomen ist ein Indeclinabile.

B Er **selbst** hat es gesagt.
Deinen Zorn fürcht' ich nicht: Süß ist Dein Zorn wie Du **selbst**.[8]

2. 2. 1. 9 Identitätspronomen

Das Identitätspronomen bezeichnet die Gleichheit oder Ähnlichkeit zweier Personen oder Dinge.

---

6   Im Lateinischen gibt es kein Reziprokpronomen außer dem sehr selten auftretenden „alternus" (abwechselnd, gegenseitig). Reziproke Verhältnisse werden umschrieben mit etwa „inter se" oder „in vicem" (wechselweise, gegenseitig). Im Deutschen gilt das zusammengesetzte Reziprokpronomen „einander" (= „einer den anderen") heute als veraltet und preziös (wie z.B. auch „selbander" [= „man selbst als anderer"]), was freilich nur den häßlichen Haß der Moderne wider das Klassische zeigt.

7   Das Intensivpronomen „ipse" ist das schlüpfrigste aller Pronomina, da es nur eher selten nach dem indeklinabilen „selbst" übertragen werden kann, oft einfach nur intensivierend wirkt („Ipse dixit!" = „*Er* hat es gesagt!" oder eben „Er selbst hat es gesagt!"), oft andere Nuancen herausstreicht und dann nach „sogar", „unmittelbar" oder etwa „eigen" übertragen wird: „oculis ipsis conspeximus" (wir haben mit eigenen Augen erblickt).

8   Senecio, *Enthymemata ad Selenen* VIII.

Dasselbe wollen, **dasselbe** nicht wollen, dies erst ist wahre Freundschaft. Wenn zwei **dasselbe** tun, ist es nicht **dasselbe**.

2. 2. 2 Indefinitpronomina

Indefinitpronomina sind Stellvertreter oder Begleiter von allgemeiner oder unbestimmter Bedeutung.

 Entweder war **niemand** weise, oder wenn **irgendeiner**, dann der unsterbliche Cato. Ein wahrer Freund ist gleichsam unser **anderes** Ich.

3. Coniugabilia

Die Coniugabilia – von mir analog so genannt – entsprechen den *Verben*[9]. Es gibt mehrere Arten der Verben, doch ist es nicht unbedingt nötig, diese genau zu kennen. Verben aber sind alle Wörter, welche konjugiert werden können und als Prädikate fünf Konjugationskategorien haben.

3. 1 Verbum finitum

Das Verbum finitum weist als Prädikat alle fünf Konjugationskategorien auf.

---

9   Sowohl Declinabilia als auch Coniugabilia sind die sog. *Participialia* (← „particeps" = „teilnehmend" an den Eigenschaften des Nomens wie ebenso des Verbs). Die Participialia werden auch *Infinitive* („Unbestimmte") genannt. Zu ihnen gehören Infinitive, die als *Substantive* auftreten, nämlich der *Infinitiv* (das Sehen), das *Gerundium* (des Sehens), das *Supinum* (zum Sehen), und Infinitive, die als *Adjektive* auftreten, nämlich das *Partizip* (lobend) und das *Gerundiv* (lobenswert). Die Begriffe „Infinitiv" und „Partizip" sind also sowohl Oberbegriffe als auch Unterbegriffe, als Oberbegriffe aber synonym.

Diese werden im Gefolge vorgestellt.

3. 1. 1 Person

Es gibt 3 Personen:

- Sprecher
- Angesprochene(r)
- Besprochene(r)

3. 1. 2 Numerus

Diese drei Personen treten entweder im *Singular* oder im *Plural* auf.

3. 1. 3 Modus

Aussagen sind real oder nicht (sicher) real, also *indikativisch* oder *konjunktivisch*.

3. 1. 4 Tempus

Dinge sind entweder oder sie waren oder sie werden sein.

3. 1. 5 Genus verbi

Alles ist *Tun* (Aktiv) oder *Leiden* (Passiv) oder *Tun und Leiden* (Medium).[10]

---

[10] Von dem morphologischen Phänomen des Genus verbi ist durchaus das semantische Phänomen der *Diathese* zu unterscheiden: Eine passive Form (Genus verbi) muß noch lange nicht passive Bedeutung (Diathese) haben. Wenn ich sage: „Cato ist ein Held gestorben", dann ist „gestorben" zwar in Hinblick auf das Genus verbi ein Partizip Perfekt

3. 2 Verbum infinitum (Participiale)

Das Verbum infinitum weist nur einige der insgesamt fünf Konjugationskategorien auf, auch aber Deklinationskategorien. Es ist also ein Zwitterwesen (Participiale) aus Verb und Nomen. Gerundium, Gerundiv und
Supinum sind Phainomena der lateinischen Sprache.
Das Verbum infinitum regiert *Objekte* und *Adverbialia*, nicht aber Attribute! Im Satz nämlich funktioniert es als ein Verb, nicht als ein Nomen
insofern, als es Verbvalenz besitzt:

	richtig	falsch
Objekt	das Spielen **das Klavier**	das Spielen des Klaviers
	der Spielende **das Klavier**	der Spielende des Klaviers
Adverbiale	**das** gut **Spielen**	das gute Spielen
	der gut **Spielende**	der gute Spielende

Das Deutsche bindet wie das Lateinische und Altgriechische Objekte
und Adverbialia an das Verbum infinitum mit „zu", bedient sich aber
auch eines Verbalsubstantivs (mit Attribut).

grammatisch	idiomatisch
Eine Stadt schnell Erobern ist selten leicht.	Schnelle Eroberung einer Stadt … Eine Stadt schnell zu erobern …
Klavier gut Spielen setzt Mühe und Talent voraus.	Gutes Klavierspiel setzt Mühe und Talent voraus.

Passiv, hinsichtlich der Diathese aber ein Partizip Perfekt Aktiv, da ja Cato nicht gestorben worden ist. – Vgl. αἰσϑάνεσϑαι (wahrnehmen) oder sequi (folgen).

| Das Wahre weise Erörtern ist Aufgabe der Philosophen. | Weise Erörterung des Wahren ist Aufgabe der Philosophen. |

In der folgenden Tabelle sind sämtliche Verba infinita dargestellt:

Verba infinita ↔ Participialia	
Substantive	Adjektive
Infinitiv	Partizip
Gerundium	Gerundiv
Supinum	

3. 2. 1 Partizip

Es existiert sowohl ein Partizip Präsens (Partizip I) als auch ein Partizip Perfekt (Partizip II). Das Partizip Präsens *(schlagend)* ist aktivisch, das Partizip Perfekt *(geschlagen)* passivisch. Allerdings existiert im Deutschen ebenso das Partizip Perfekt intransitiver Verben *(gestorben, gefallen)*, welches freilich nicht passivisch ist. Im Lateinischen kommt ein Partizip Perfekt intransitiver Verben nur bei Deponentia, aktiven Verben passiver Form, vor *(reversus)*.

Das Partizip ist *deklinierbar*:

- Kasus
- Numerus
- Genus

27

Das Partizip ist *konjugierbar*:

- Tempus
- Genus verbi

Das Partizip Präsens kann als *gleichzeitiges Partizip* bezeichnet werden, das Partizip Perfekt als *vorzeitiges Partizip*, das Partizip Futur, im Deutschen eine analytische Form, sozusagen ergo eine umschreibende Konjugation, als *nachzeitiges Partizip*. Das Partizip Präsens nämlich läßt sich stets in das Prädikat eines gleichzeitigen, das Partizip Perfekt in das Prädikat eines vorzeitigen, das Partizip Futur in das Prädikat eines nachzeitigen Nebensatzes (finaler Sinnrichtung) verwandeln. Dieser Nebensatz ist ein Relativsatz, wenn das Partizip attributiv gebraucht, ein Adverbialsatz, wenn prädikativ. Ein prädikatives Partizip kann zuweilen auch mit „und" als Prädikat auf gleicher syntaktischer Ebene angeschlossen werden.

3. 2. 1. 1 Das Partizip Futur im Lateinischen und Altgriechischen

Wird das Partizip Futur prädikativ gebraucht, weist es im Altgriechischen gewöhnlich finale Sinnrichtung auf. Im Lateinischen gibt es darüber hinaus noch weitere Sinnrichtungen:

Sinn	Übersetzung
Absicht	wollen
Notwendigkeit	müssen
Möglichkeit	können
Fähigkeit	können
Bestimmung	sollen

Die Absicht (finaler Sinn) kann oft auch durch *„im Begriffe sein zu tun"* oder vermittelst eines *Infinitivsatzes* wiedergegeben werden.

3. 2. 1. 2 Die Partizipien im Überblick

	grammatisch	idiomatisch
Partizip Präsens Aktiv (gleichzeitig)	Die Zeit, jeden mit festem Zugriff **entraffend**, kann doch weder geschaut noch empfunden werden.	Obschon **sie** jeden mit festem Zugriff **entrafft**, kann doch die Zeit weder geschaut noch empfunden werden.
Partizip Präsens Passiv (gleichzeitig)	Der Alten Lehren, stets **erwogen**, zeugen Frieden, Glück und Sorglosigkeit der menschlichen Seele.	Der Alten Lehren zeugen Frieden, Glück und Sorglosigkeit der menschlichen Seele, wenn **sie** stets **erwogen werden**.
Partizip Perfekt Aktiv (vorzeitig)	Der Feinde Übermacht **erkannt habend**, gebietet Alexander, **geschaut habend** des Sieges Ruhm, den Angriff.	Obwohl **er** der Feinde Übermacht **erkannt hat**, gebietet Alexander den Angriff, weil **er** des Sieges Ruhm **geschaut hat**.
Partizip Perfekt Passiv (vorzeitig)	Jene mächtige an der Küste **erbaute** Veste ist Euryalos.	Jene mächtige Veste, **welche** an der Küste **erbaut ist**, ist Euryalos.
	Troia ist von den Griechen **erobert** [worden].[11]	

---

11   Das Partizip ist hier als Teil des Prädikatsverbandes so eng mit der als Hilfsverb empfundenen finiten Form von „sein" verbunden, daß eine Übersetzung in einen Nebensatz nicht möglich.

Partizip Futur Aktiv (nachzeitig)	Die Mongolen, Japan **erobern werdend (wollend)**, wurden von einem gewaltigen Sturme vernichtet.	Die Mongolen, **welche** Japan **erobern wollten**, wurden von einem gewaltigen Sturme vernichtet.
	Jeder Mensch ist **sterben werdend (müssend)**.	Jeder Mensch **wird (muß) sterben**.

Das prädikative (adverbiale) Partizip kann in das Prädikat eines Nebensatzes einer dieser folgenden Sinnrichtungen übersetzt werden:

Sinnrichtung	Subjunktion
temporal	während, als; nachdem
modal	wobei; indem
kausal	weil
konzessiv	obwohl
kondizional	wenn
adversativ	während
final[12]	damit, um – zu

---

12   Finaler Nebensinn liegt nur im Partizip Futur!

3. 2. 2 Infinitiv

Der eigentliche Infinitiv ist noch unbestimmter als das Partizip. Es existiert ein Infinitiv Präsens Aktiv *(schreiben)*, ein Infinitiv Präsens Passiv *(geschrieben werden)*, ein Infinitiv Perfekt Aktiv *(geschrieben haben)* und ein Infinitiv Perfekt Passiv *(geschrieben worden sein)*. Freilich können auch Infinitive des Futurs gebildet werden. Recht eigentlich existiert freilich nur eine Form des Infinitivs Präsens Aktiv; die anderen Infinitive werden mit Hilfe sowohl des Infinitivs Präsens Aktiv als auch des Partizips Perfekt umschrieben. Es handelt sich dabei also um analytische Formen.

Der Infinitiv ist *deklinierbar*:

- Kasus
- Numerus[13]
- Genus[14]

Der Infinitiv ist *konjugierbar*:

- Tempus
- Genus verbi

---

13   Der Infinitiv kann nur im Singular erscheinen, ist ja zwar „das Irren" denkbar, nicht aber „die Irren", sieht man ab von jenen, welche heute die Welt regieren und alle glauben machen, das menschenmörderische Gesetz des freien Marktes sei ein Naturgesetz.

14   Der Infinitiv ist stets neutral, obgleich man freilich fast jeden Konzernchef als „den Irren" treffend bezeichnen könnte, fast jede Spitzenpolitikerin der westlichen Welt als „die Irre", wenn nur man die bloße Wahrheit aussprechen wollte.

Begegnet im Deutschen, Lateinischen oder Altgriechischen ein Infinitiv, kann es sich dabei um einen *deklarativen Infinitiv* oder einen *dynamischen Infinitiv* und folgende Satzglieder handeln:

Irren ist menschlich.	*Subjekt*
Tugend ist Fortschreiten.	*Prädikatsnomen*
Ein Gott kann nicht zürnen.	*Objekt*
Geschaut zu werden, ging sie aus.	*Adverbiale*
Der Weise versteht zu leben.	*Pseudo-Adverbiale*
Er sah den Geist herniedersteigen eine Taube.	*AcI-Infinitiv*

(B)

	Deklarativer Infinitiv	Dynamischer Infinitiv
	Tatsachenbehauptung Subjektivansicht Erläuterung	Möglichkeit (erstrebtes Ziel, mögliche Folge)
AcI	Ich höre dich **singen**.	
NcI	Zuweilen scheint auch ein Tor weise **zu sein**.	
Finaler Deklarativinfinitiv[15]		
Infinitiv Futur[16]		
Subjekt		Nötig ist Gott **Gehorchen**.

---

[15]   Dieser Infinitiv ist nur im Altgriechischen üblich.

[16]   Dieser Infinitiv ist nur im Altgriechischen üblich.

Objekt		Ich will Gott **gehorchen**.
Prädikatsnomen		In Übereinstimmung mit der Natur **Leben** ist gemäß der Tugend Leben.
Infinitivus finalis		Diesen Ort überließ Kyros den Persern **zum Plündern**.

4. Indeclinabilia

Indeclinabilia sind alle Wörter, die weder dekliniert noch konjugiert werden können. Man nennt diese Wörter auch *Partikeln*:

- Adverbia
- Präpositionen
- Konjunktionen
- Subjunktionen[17]
- Partikeln[18]

17　Oft werden auch die Subjunktionen als Konjunktionen bezeichnet, was aber nicht vernünftig geschieht, da eine Konjunktion „Zusammenbinderin" zweier Sätze oder Satzglieder ist, eine Subjunktion jedoch „Unterbinderin" eines Nebensatzes unter einen übergeordneten Satz.

18　Ähnlich dem Begriffe des Partizips oder des Infinitivs, ist auch der Begriff der Partikel sowohl Ober- als auch Unterbegriff. Als Unterbegriff bezeichnet Partikel ein bedeutungsarmes oder bedeutungsloses Indeklinabile ohne grammatische Funktionen (im Unterschied zu den anderen Partikeln, welche grammatische Funktionen haben).

Den Partikeln – außer den Partikeln im Speziellen – ist im Wesentlichen gemeinsam, daß sie vier verschiedene Grundverhältnisse bezeichnen:

- lokal
- modal
- temporal
- kausal

Vor allem die Zahl verschiedener Arten kausaler und modaler Partikeln ist groß.

4. 1 Adverbia

Der Begriff des *Adverbs* bezeichnet sowohl ein *syntaktisches (Satzglied)* als auch ein *lexikalisches (Wortart)* Phänomen: Es gibt sowohl die Wortart Adverb (Adverb) als auch das Satzglied Adverb (Adverbiale). Deshalb spricht man auch von Adverb und adverbialer Bestimmung. Das Adverb als lexikalisches Phänomen ist ein einziges Wort, das Adverb[iale] als syntaktisches Phänomen kann ein einziges Wort oder eine Wortgruppe oder ein Satz sein. Beide Phänomene jedoch zeichnet aus, daß sie jene vier Verhältnisse und noch einige weitere bezeichnen können.

Die Adverbia gliedern sich in folgende 7 Teilklassen:

4. 1. 1 Lokaladverbia

Lokaladverbia verweisen entweder auf den *Ort (Stativa)* oder aber die *Richtung (Direktiva)*.

dort
dorthin

4. 1. 2 Modaladverbia

Modaladverbia geben an die *Qualität (Art und Weise)* oder die *Quantität (Menge & Ausmaß)*.

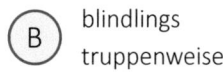
blindlings
truppenweise

4. 1. 3 Temporaladverbia

Temporaladverbia verweisen auf die *Zeit*.

heute
immer

4. 1. 4 Konjunktionaladverbia

Interessant und wichtig sind die Konjunktionaladverbia, Zwitterwesen zwischen Konjunktion und Adverb. Sie können anders als Konjunktionen, welche lediglich am Satzanfang zu stehen vermögen, inmitten des Satzes erscheinen.

Der Geist ist vor allem zu bedienen, <u>denn</u> (Konjunktion) er ist das Beste im Menschen.	Der Geist ist das Beste im Menschen, er ist <u>daher</u> (KA*) vor allem zu bedienen.
	* KA = Konjunktionaladverb

↔

Folgende Verhältnisse werden von Konjunktionaladverbia bezeichnet:

- lokal
- temporal
- kopulativ (anreihend)
- distributiv (verteilend)
- kausal (begründend)
- konditional (bedingend)
- konzessiv (einräumend)
- konsekutiv (folgernd)
- restriktiv (einschränkend)
- adversativ (entgegensetzend)

4. 1. 5 Pronominaladverbia

Pronominaladverbia stehen an Statt eines von einer Präposition regierten Pronomens (z. B. „ein Ort, wohin kein Zugang" an Statt eines „ein Ort, zu welchem kein Zugang"), wenn ein anaphorischer Bezug vorliegt.

wo
wohin

All diese Adverbia können interrogativ und relativisch gebraucht werden: wo *(lokal)*, wie *(modal)*, wann *(temporal)*, weshalb *(kausal)*, [womit *(pronominal)*].

4. 1. 6 Zahladverbia

Zahladverbia sind Ableitungen aus deklinabilen Numeralia.

einmal
zuerst

4. 1. 7 Indefinitadverbia

Indefinitadverbia sind Zusammensetzungen mit *irgend-* und *nirgend-*.

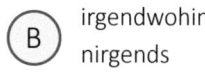 irgendwohin
nirgends

Darüber hinaus gibt es noch *Kommentaradverbia*, welcher Kenntnis jedoch verzichtbar ist.

4. 2 Präpositionen

Die Präpositionen („vorgesetzte" Wörter) sind Indeclinabilia, welche vor[19] einem Nomen (Substantiv, Pronomen) stehen und diesem einen Kasus zuteilen. Eine Präposition kann meistens einen, oftmals zwei Fälle zuteilen, wobei die Präposition dann einerseits etwa die Richtung, andererseits den Ort anzeigt (*auf den Tisch* ↔ *auf dem Tische*). Auch Präpositionen bezeichnen jene vier Verhältnisse:

4. 2. 1 Lokalpräpositionen

 in
unter

---

19 Es gibt auch Postpositionen (z. B.: der Tugendliebe *wegen*) und Circumpositionen (z. B.: *um* der Tugend *willen*), welche der Präposition blutsverwandt sind.

4. 2. 2 Modalpräpositionen

(B) ohne
     mit

4. 2. 3 Temporalpräpositionen

(B) während
     seit

4. 2. 4 Kausalpräpositionen

(B) wegen[20]
     ob

4. 3 Konjunktionen & Subjunktionen

Konjunktionen verbinden Wörter, Wortgruppen und Sätze miteinander. Sie werden deshalb auch *nebenordnende Konjunktionen* genannt zur Unterscheidung von den *unterordnenden Konjunktionen (Subjunktionen)*, welche Nebensätze einem Hauptsatz oder anderem Nebensatze unterordnen. Von wesentlich geringerer Bedeutung sind die *Satzteilkonjunktionen*, ebenso die Infinitivkonjunktionen (um – zu), welche im Lateinischen und Altgriechischen nicht existieren.

In Hinblick auf die *Funktion* sind also drei Gruppen zu unterscheiden:

---

20   „wegen" wird sowohl als Präposition als auch als Postposition verwendet: „wegen der Freundschaft" ↔ „der Freundschaft wegen". Nämliches gilt für „ob".

4. 3. 1 Konjunktionen

(B) und
    oder

4. 3. 2 Subjunktionen

(B) daß
    weil

4. 3. 3 Satzteilkonjunktionen[21]

(B) als
    wie

In Hinblick auf die *Form* sind zu unterscheiden:

4. 3. 4 Eingliedrige Konjunktionen

Die eingliedrigen Konjunktionen sind Konjunktionen, die aus nur einem Wort bestehen (s.o.).

4. 3. 5 Mehrgliedrige Konjunktionen

Die mehrgliedrigen Konjunktionen sind Konjunktionen, die aus mehreren Wörtern bestehen. Man nennt sie auch *korrespondierende Konjunktionen*. Sie verleihen Eleganz und weiten Schwung.

---

21   Satzteilkonjunktionen schließen primäre oder sekundäre Satzglieder an. Zu den Satzteilkonjunktionen zählen auch die *proportionalen Konjunktionen (desto – umso)*.

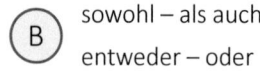

sowohl – als auch

entweder – oder

4. 4 Partikeln

Partikeln sind bedeutungsarme oder bedeutungslose Indeclinabilia, welche den Satz lediglich tönen. Im Altgriechischen sind sie äußerst zahlreich, häufig und spielen eine bedeutende Rolle. Bestimmte Wörter können sowohl Partikel als auch Adverb oder Konjunktion sein:

Das ist *aber (Modalpartikel)* reichlich dumm.[22]

Er hat alles versucht, *aber (Konjunktion)* es funktionierte nicht.

Folgende Arten der Partikeln gibt es:

4. 4. 1 Gradpartikeln

Gradpartikeln steigern oder mindern die Aussage eines Adjektivs oder Adverbs.

überaus

etwas

---

22 Hier habe ich mich an Beispielsätzen der Duden-Grammatik orientiert, da es sehr schwer ist, geistreiche und inhaltsschwangere Beispiele für diese Sache zu finden oder zu bilden. Leider sind die Beispielsätze moderner Grammatiken so sehr stumpfsinnig und inhaltlich in solchem Maße primitiv, daß sie an dem Menschen als ζῷον λόγον ἔχον zweifeln machen.

4. 4. 2 Fokuspartikeln

Fokuspartikeln dienen der Hervorhebung.

 sogar
lediglich

4. 4. 3 Modalpartikeln

Modalpartikeln dienen der Abtönung, weswegen sie auch Abtönungs-
partikeln genannt werden. Sie bringen eine *Zustimmung*, *Ablehnung*
oder *Erwartung* zum Ausdruck.

(B) ja
vielleicht

4. 4. 4 Gesprächspartikeln

Gesprächspartikeln sind nicht in den Satz eingebettet und stehen daher
vor allem am Anfang oder Ende des Satzes. Interjektionen treten auch
innerhalb des Satzes auf. Im Wesentlichen gibt es folgende Arten der
Gesprächspartikeln:

4. 4. 4. 1 Gliederungs- und Rückmeldungssignale

Diese Partikeln dienen der Gliederung des Gesprächs, der Bestätigung
oder Vergewisserung im Gespräche.

 Bestens!
Nicht wahr?

4. 4. 4. 2 Antworten auf Entscheidungsfragen, Grüße, Gebote

Besonders diese Partikeln sind oftmals sog. Holophrasen, Einzelwörter, welche den Inhalt eines ganzen Satzes zum Ausdruck bringen.

Ja.
Salutem!

4. 4. 4. 3 Interjektionen

Interjektionen sind die semantisch ärmsten Wörter. Sie bringen eine körperliche oder geistige Empfindung zum Ausdruck. *Primäre* Interjektionen werden aus der menschlichen Seele unmittelbar geboren, sind also Naturlaute; *sekundäre* Interjektionen hingegen sind erstarrte Invokationen, onomatopoetische bzw. parechetische Gebilde oder andere Bildungen a posteriori.

Au!
Oje!

Satzglieder

1. Definition

Das Satzglied oder Satzteil ist ein Wort (einfaches Satzglied) oder eine Wortgruppe (komplexes Satzglied). Die Satzglieder sind die wichtigsten Elemente, welche einen jeden Satz bilden mit Wörtern, die keine Satzglieder sein können, wie ein jeder wahre Staat ein regierendes Organ besitzt, sich politisch betätigende Bürger und solche, die sich nicht politisch betätigen können.

Es gibt fünf Satzglieder, sieht man davon ab, daß das *Attribut* wesentlich kein Satzglied ist, da es nicht direkt vom Verbum (Prädikat) abhängt. Das Attribut kann daher *sekundäres Satzglied* genannt werden.

Wörter aller Art können Satzglieder sein außer den Indeclinabilia, abgesehen vom Adverb.[23] Wörter folgender Art also können keine Satzglieder sein:

- Präpositionen
- Konjunktionen
- Subjunktionen
- Partikeln

---

23   Das Satzglied kann auch als Gliedsatz erscheinen; das ist ein Satz an Stelle eines Satzgliedes.

Präpositionen, Konjunktionen und Subjunktionen werden unter dem Begriff der *Synkategoremata* zusammengefaßt. Die Synkategoremata sind Funktionswörter mit lediglich grammatikalischer Bedeutung, welche ausschließlich der Verknüpfung oder Modifizierung dienen. Sie zählen zu den freien grammatischen Morphemen, welche grammatische Informationen widergeben.

2. Satzglieder

2. 1 Prädikat

Das Prädikat („[öffentlich] Ausgesagtes") ist einer Aussage grammatischer Kern.

2. 1. 1 Verbales Prädikat

Das verbale Prädikat besteht nur aus der finiten Form des Verbes.

(B)   Der Weise **zürnt** nicht.

2. 1. 2 Nominales Prädikat

Das nominale Prädikat besteht aus kopulativem Verb und Prädikatsnomen.

(B)   Der Weise **ist frei** des Zorns.

2. 2 Subjekt

Das Subjekt[24] („Unterlegtes") ist das der Aussage zugrunde Liegende und also

Handlungsträger	→	Sokrates lehrt.
Empfindungsträger	→	Nero haßt.
Vorgangsträger	→	Der Held fällt.
Zustandsträger	→	Gott ist.

Es wird ergründet mittels der Frage „wer oder was?".

Das Subjekt kann ein einzelnes Wort sein, eine Wortgruppe oder ein ganzer Nebensatz, den man in seiner Eigenschaft als Satzglied auch Gliedsatz nennt. Der Relativsatz ist von seinem Wesen her eher Attribut eines Subjekts als selbst Subjekt. Das Subjekt tritt also in folgenden drei Gestalten auf:

- Nomen
- Participiale
- Gliedsatz

2. 3 Objekt

Das Objekt („Dawidergelegtes") ist das der Aussage gegenüber Liegende und also

---

24   Das Subjekt eines passiven Prädikates ist Handlungsleidender.

| Handlungsempfänger | → | Sokrates lehrte die Menschen. |
| Empfindungsempfänger | → | Sokrates liebte die Tugend. |

Es wird ergründet vermittels der Fragen „wen oder was?" (Akkusativ-Objekt), „wem?" (Dativ-Objekt) oder „wessen?" (Genitiv-Objekt).

Das Objekt kann ein einzelnes Wort sein, eine Wortgruppe oder ein ganzer Nebensatz, den man in seiner Eigenschaft als Satzglied auch Gliedsatz nennt. Der Relativsatz ist von seinem Wesen her eher Attribut eines Objekts als selbst Objekt. Das Objekt tritt also in folgenden fünf Gestalten auf:

- Nomen
- Nomen & Präposition (Präpositionalobjekt)
- Participiale
- AcI
- Gliedsatz

2. 4 Adverbiale

Das Adverbiale bestimmt die Umstände eines Geschehens näher. Es existieren vier Großgruppen der Adverbialia:

- Lokaladadverbialia
- Temporaladverbialia
- Modaladverbialia
- Kausaladverbialia

Gattung	Art	Frage	Beispiel	Latein[25]	Altgriechisch[26]
Lokaladverbiale	stativ	wo?	dort	Lokativ ablativus loci	Lokativ dativus loci
	direktiv	wohin?	dorthin	accusativus lativus	accusativus lativus[27]
	separativ	woher?	dorther	ablativus separativus	genitivus separativus
	extensiv	wie weit?	so weit	accusativus spatii	accusativus spatii
Temporaladverbiale	stativ	wann?	dann	ablativus temporis	genitivus temporis
	iterativ	wie oft?	oft		
	extensiv	wie lange? seit wann? bis wann?	lange seit langem bis dann	accusativus spatii	accusativus spatii genitivus temporis

---

25   Hier werden teils die adverbialen Kasus, teils andere typische Syntagmata, welcher sich das Lateinische bedient, angegeben. Natürlich kennt auch das Lateinische das Adverb.

26   Hier werden teils die adverbialen Kasus, teils andere typische Syntagmata, welcher sich das Altgriechische bedient, angegeben. Natürlich kennt auch das Altgriechische das Adverb.

27   Im Altgriechischen erscheint dieser Kasus lediglich in der Poesie als Flexionskasus.

Modal-adverbiale	qualitativ	wie?	so	ablativus modi	dativus modi
		woraus?	aus Gold	genitivus materiae	genitivus materiae
	quantitativ	wie viel?	so viel		
		um wie viel?	um vieles	ablativus discriminis	dativus discriminis
		wie sehr?	so sehr		
	instru-mentativ	womit? wodurch?	damit dadurch	ablativus instrumenti	dativus instrumenti
	komitativ	mit wem?	mit diesem	ablativus sociativus	dativus sociativus
Kausal-adverbiale	kausal	weshalb? wodurch? von wem?	deshalb dadurch von ihm	ablativus causae	dativus causae genitivus causae
	kondizio-nal	in welchem Falle?	in diesem Falle	Kondizional-satz Participium coniunctum	Kondizio-nalsatz Participium coniunctum
	konsekutiv	mit welcher Folge?	mit dieser Folge	Konsekutiv-satz	Konsekutiv-satz

				Finalsatz Participium coniunctum Gerundiale Supinum	Finalsatz Participium coniunctum
Kausal-adverbiale	final	wozu?	dazu	Finalsatz Participium coniunctum Gerundiale Supinum	Finalsatz Participium coniunctum
	konzessiv	trotz welchen Um-stands?	trotz dieses Umstan-des	Konzessiv-satz Participium coniunctum	Konzessiv-satz[28] Participium coniunctum

Das Adverbiale kann ein einzelnes Wort sein, eine Wortgruppe oder ein ganzer Nebensatz (Gliedsatz). Das Adverbiale tritt also in folgenden vier Gestalten auf:

- Nomen & Präposition (Präpositionaladverbiale)
- Adverb[29]
- Adverbialsatz
- Prädikativum

2. 5 Attribut

Das Attribut („Zugeteiltes") vermag niemals eine Verbform (Verbum fi-nitum, Verbum infinitum) näher zu bestimmen, sondern dient allein der

---

28   Der Konzessivsatz ist im Altgriechischen eher selten.

29   Das Adverbiale (Satzglied) darf nicht mit dem Adverb (Wortart) verwechselt werden! Gemeinmerkmal des Adverbiale ist die Näherbestimmung eines Verbs, des Adverbs die Unflektierbarkeit. Verwechslung fällt allerdings leicht, da zahlreiche Adverbien aufgrund ihrer Semantik auch als Adverbialia auftreten *(gestern)*.

Näherbestimmung von *Substantiv, Adjektiv, Adverb*.[30]

2. 5. 1 Adjektivische Attribute

- Adjektiv
- Partizip
- Pronomen

2. 5. 2 Substantivische Attribute

- Genitivattribut
- Dativattribut
- Präpositionalattribut
- Apposition

2. 5. 3 Adverb

Ist ein Adverb Attribut *(eine sehr schöne Arie lieben)*, ist es eben nicht Adverbiale *(eine schöne Arie sehr lieben)*.

2. 5. 4 Relativsatz

Es ist anzunehmen, daß der Relativsatz von seinem Wesen her Attribut ist und lediglich mißverstanden als Subjekt oder Objekt wahrgenommen wird.

---

30 Auch die Näherbestimmung eines Pronomens ist denkbar: „die werten Meinen". Allerdings wollen wir weder hier noch sonst im Leben nach Exotischem trachten.

2. 6 Prädikatsnomen & Prädikativum

2. 6. 1 Prädikatsnomen

Das Prädikatsnomen wird synchron definiert als inhaltlich notwendige Ergänzung zu kopulativen Verben und als ein Teil des Prädikates, ohne welchen der Satz unvollständig. Es ergänze die finite Form des kopulativen Verbums, das *Hilfsverbum* sei, also nur schwache Eigenbedeutung besitze, weshalb es ja auch nach einem ergänzenden Nomen verlange. Diachron betrachtet, verhält die Sache sich aber so, daß dem Nomen als recht eigentlichem Prädikate (daher Prädikatsnomen) eine finite Form des Vollverbs „sein" beitrat, dessen Eigenbedeutung dadurch verblaßte.

Prädikatsnomen kann sein:

- Substantiv
- Adjektiv
- Participiale
- Pronomen

Verben mit Existenzcharakter (kopulative Verben) sind nebem dem reinen Existenzverb die Verben des *Eintretens*, *Erscheinens*, *Verharrens*:

- sein
- werden
- bleiben
- gehalten werden

2. 6. 2 Prädikativum

Das Prädikativum ist eine fakultative Bestimmung des Zustandes einer Person oder Sache im Verhältnis zum Verbalvorgang, weshalb es auch prädikatives Zustandsattribut heißt. Es kann meistens übersetzt werden mit „als".

Prädikativum kann sein:

- Substantiv
- Adjektiv
- Participiale
- Pronomen

Während man von Prädikatsnomen lediglich bei Verben mit Existenz-charakter spricht, kann das Prädikativum sich auf alle möglichen Verben beziehen. Sowohl hinsichtlich des Prädikatsnomens als auch des Prädi-kativums jedoch bedient sich die Fachsprache des Adjektivs *prädikativ*. So-wohl das Prädikatsnomen als auch das Prädikativum, zwischen welchen letztendlich ein nur sprachpsychologisch zu erklärender Unterschied be-steht, ist funktional ein Adverb, formal aber ein Attribut, weshalb man von syntaktischen Zwitterwesen sprechen könnte.

Satzglieder & Erscheinungsformen

Satzglied	Form	Beispiel
Subjekt	Nomen	Die **Tugend** ist das Beste.
	Participiale	**Irren** ist menschlich.
	Gliedsatz	Fest steht, **daß die Tugend das Beste ist**.
Objekt	Nomen	Cato hat den **Heldentod** gewählt.
	Nomen & Präposition	Vor allem sorge **für den Geist**!
	Participiale	Was man nicht kann, darf man nicht einmal **wollen**.
	AcI	Er fühlte **sich sterben**.
	Gliedsatz	Er fühlte, **daß er sterbe**.

Adver-biale	Substantiv & Präposition	Sokrates stand stets **auf der Agora**.
	Adverb	Der den Notleidenden **heute** zurückweist, wird der Herr **morgen** zurückweisen.
	Adverbialsatz	**Weil ich mit dir bin**, wirst du Midian schlagen, **als wäre es nur ein Mann**.
	Prädikativum	Er kehrte **krank** in sein Vaterland zurück.
Attribut	Adjektiv	Die Tugend ist das **höchste** Gut.
	Partizip	Die **brennende** Troia sank in Schutt und Asche.
	Pronomen	Ist's möglich, so gehe **dieser** Kelch von mir.
	Genitiv	Anfang **der Weisheit** ist Gottesfurcht.
	Dativ	Habsucht ist am wenigsten **den Herr-schenden** angemessen[31].

---

31 Bedenkt man, daß das Adjektiv „angemessen" eigentlich das Partizip Perfekt Passiv ist von „anmessen", welches ein Dativobjekt zu binden vermag, so kann man durchaus

Attribut	Präpositiona-lattribut	Der Arme **aus der Gosse** zeigt zuweilen sich ein König der Güte.
	Apposition	Sokrates, **der Athener**, war aller Weisen größter und der Geschlechter Lehrer.
	Adverb	Die „Marternarie" ist ein **sehr** schönes Werk des göttlichen Mozart.
	Relativsatz	**Welcher hat**, dem wird gegeben werden.
Prädi-kats-nomen	Substantiv	Gott ist **Geist**.
	Adjektiv	Gott ist **groß**.
	Participiale	Sokrates ist **gestorben**.
	Pronomen	Jeder werde **er** selbst.
Prädika-tivum	Substantiv	Der Held kehrte **ein Greis** in sein Vaterland zurück.

---

auch sagen, ebenso in unserem Beispiele regiere „angemessen" ein Dativobjekt wie in dem Satze: „Habsucht ist am wenigsten den Herrschenden angemessen worden."

Prädika-tivum	Adjektiv	Der Held kehrte **greis** in sein Vaterland zurück.
	Participiale	Und **erbleichend** verschied er in des Freundes Armen.
	Pronomen	Jeder lebe er **selbst**.

3. Verbvalenz

Jedes Verb hat die Kraft[32], mindestens eine Satzgliedstelle zu eröffnen und entweder ein Subjekt oder sowohl Subjekt als auch Objekt[e] an sich zu binden. Jede finite Verbform kann und muß ein Subjekt an sich binden.[33] Eine infinite Verbform ist dazu nicht im Stande. Sowohl finite als auch infinite Verbformen können ein Akkusativobjekt binden, falls es sich um Formen eines transitiven[34] Verbs handelt. Ein Dativobjekt ist eigentlich stets anbindbar. Während jedoch Akkusativobjekte sich dem Sprachgefühl immer aufdrängen, weil ja unbedingt gewußt werden will, worauf denn eine übergehende Handlung übergeht, existieren nur rela-

---

32   Das lateinische „valere" bedeutet „kräftig sein" und „vermögen".

33   Auch sog. unpersönliche Verben sowie Witterungsverben binden ein Subjekt, welches allerdings aber nicht so einfach in einem Subjektsbegriff zu finden ist.

34   Das lateinische „transire" bedeutet „hinübergehen". Die durch transitives Verb zum Ausdruck gebrachte Handlung kann also auf ein Objekt übergehen, wobei recht eigentlich allein das Akkusativobjekt gemeint ist (ein Genitivobjekt ist ausgesprochen selten), da das Dativobjekt an der Handlung nur beteiligt, nicht aber von dieser betroffen ist.

tiv wenige Verben, welche ein Dativobjekt gleichsam fordern.

Bestimmte Verben[35] verlangen sowohl ein Subjekt als auch ein Spiegel-subjekt (Prädikativum), manche auch ein Akkusativobjekt und zudem ein Spiegelobjekt (Prädikativum),[36] ein Ding, besonders häufig im Lateinischen und Altgriechischen. Hat ein Verb nur Kraft und Verlangen, ein Subjekt zu binden, nennt man es *einwertig*, kann und will es aber zudem ein Akkusativobjekt binden, *zweiwertig*; verlangt das Verb Subjekt, Akkusativobjekt und Dativobjekt, so spricht man von einem *dreiwertigen* Verb. Die folgenden Tabellen bieten Beispiele verschiedener Verben verschiedener Wertigkeit.

Wertigkeit	Subjekt	Verb	Akkusativobjekt	Dativobjekt
	irgendwer oder was		irgendwen oder was	irgendwem
1	Sokrates	liegt.		
2	Seneca	preist	die Tugend.	
		preisen	die Tugend	
		preisend	die Tugend	
3	Seneca	gibt	Rat	den Menschen.
		geben	Rat	den Menschen
		gebend	Rat	den Menschen

---

35   Diese Verben nennt man kopulative Verben.

36   Man spricht hier vom doppelten Nominativ (Akkusativ). Der prädikative Nominativ (Akkusativ) wird auch Gleichsetzungsnominativ (Gleichsetzungsakkusativ) genannt.

Wertigkeit	Subjekt	Verb	Akkusativobjekt	Spiegelobjekt
	irgendwer oder was		irgendwen oder was	irgendwen oder was
2	Seneca	lehrt	die Menschen	das Edle.
		lehren	die Menschen	das Edle
		lehrend	die Menschen	das Edle
	Platon	nennt	das Gute	Gott.
		nennen	das Gute	Gott
		nennend	das Gute	Gott

Wertigkeit	Subjekt	Verb	Spiegelobjekt
	irgendwer oder was		irgendwer oder was
1	Gott	ist	Geist
		sein	Geist
		seiend	Geist

Kasusgrammatik

1. Begriffsherkunft

Der Begriff „Fall" ist eine Lehnübersetzung von „casus", welcher Begriff seinerseits eine Lehnübersetzung ist von πτῶσις. Dionysios Thrax (170 – 90 v. Chr.), ein Grammatiker, von welchem die erste griechische Elementargrammatik, die Basis aller indogermanischen Grammatiken, stammt, sprach als Erster vom Fall, da er die Nomina von den Verben abfallend betrachtete und diese ihre Abhängigkeit entsprechend bezeichnete. Ein weit schöneres und erhellenderes Bild ist jedoch jenes eines Würfels, der mehr oder weniger glücklich fällt: Würfelten die Alten eine Eins, so galt dies der glücklichste Fall des Würfels, würfelten sie eine Sechs, so galt dies der schlechteste Fall.

2. Die Fälle

Entsprechend ihrer Wichtigkeit- das aber heißt: Nähe und also Abhängigkeit vom Verb- sind so auch die grammatischen Fälle gestaffelt.
Der **Nominativ** freilich ist der wichtigste Fall, da er Kasus des Subjektes, des unmittelbar und zwingend vom Prädikat abhängenden Satzgliedes. Es muß nämlich immer (irgend)wer oder (irgend)was sein, der oder das

(in einem Zustand) existiert, vorgeht oder eine Handlung trägt. Wenn freilich eine Handlung getragen wird, muß gewöhnlich es auch (irgend) wen oder (irgend)was geben, welcher oder welches gegenüberliegt und in dessen Richtung gehandelt wird. Dieses ist das direkte Objekt, welches im **Akkusativ** steht. Selten, jedoch gleichen Ranges ist der **Genitiv** als direktes Objekt. Er begegnet bei *verba memoriae*[37] (gedenken, vergessen), *verba iudicialia* (beschuldigen) und *verba affectus* (jammern, erbarmen). Die Tatsache, daß er im Deutschen kaum mehr Verwendung findet, ist ein Symptom des tiefen Verfalls.

Ein direktes Akkusativobjekt, das zuweilen gedanklich ergänzt werden muß, kann mit einem indirekten Objekt[38] im **Dativ** verbunden sein, da man ja (irgend)wem (irgend)wen oder (irgend)was geben oder verzeihen muß. An fünfter Stelle doch ist das Detail von Bedeutung: Unter welchen Umständen (irgend)wer oder (irgend)was handelt, existiert oder vorgeht, beschreiben die zahlreichen Adverbialia. Während im Deutschen Adverbien und freie Präpositionalgefüge als Adverbialia auftreten, erscheint im Lateinischen vor allem der **Ablativ**, im Altgriechischen statt dessen der Genitiv oder Dativ.

Der **Vokativ** als sechster Fall hat überhaupt keine Bedeutung, ist er doch höchst selten, dem Nominativ gleich[39] hinsichtlich der Form und

---

37   Bei diesen Verben sowie bei Verben der klaren Trennung und Getrenntheit kann auch ein adverbialer Genitiv (genitivus separativus) unterstellt werden.

38   „Ich verzeihe dir (die böse Tat)."

39   Formal unterscheidet sich der lateinische Vokativ vom Nominativ nur bei den Maskulina der o-Deklination, indem der Vokativ Singular mit „-e" (oder „-i") endet, nicht mit „-us". Im Altgriechischen ist Abweichung häufiger, wenngleich auch dort sich formale Unterschiede zwischen Nominativ und Vokativ nur im Singular zeigen: In der a-Deklination zwar gibt es (außer bei den Maskulina dieser Deklination) keinen Unterschied, in der o-Deklination aber tritt als Endung des Vokativs wie im Lateinischen „-e" auf, in der dritten Deklination wird zuweilen der Vokal der Nominativ-Endung gekürzt, zuweilen das Schluß-ς durch Apokope entfernt.

recht eigentlich überhaupt kein wirklicher Fall, sondern weit eher eine Partikel[40], weshalb er auch unmöglich erfragt werden kann.

	Kasus	Funktion	Frage
1. Fall	Nominativ	Subjekt Prädikativum Attribut[41]	wer oder was?
2. Fall	Akkusativ	Akkusativ-Objekt Prädikativum Attribut Adverbiale[42]	wen oder was?
3. Fall	Genitiv	Genitiv-Objekt Prädikativum Attribut Adverbiale[43]	wessen?
4. Fall	Dativ	Dativ-Objekt Prädikativum Attribut Adverbiale[44]	wem?

---

40   Der Vokativ ist ursprünglich ein außerhalb des Satzgefüges stehender Satz. Er ist auch tatsächlich völlig unabhängig vom Prädikat und scheint hinsichtlich seines Wesens einer Gesprächspartikel verwandt.

41   Das adjektivische Attribut wie ebenso die Apposition wird natürlich stets mit „was für?" erfragt.

42   Im Lateinischen und Altgriechischen erscheinen der *accusativus lativus*, der *accusativus spatii* sowie der *accusativus Graecus*.

43   Im Altgriechischen erscheinen zahlreiche Formen des *genitivus separativus* sowie der *genitivus temporis*, welcher dem *genitivus loci* entspricht, die häufig natürlich nicht mit „wessen?" erfragt werden können.

44   Im Lateinischen erscheint der *dativus finalis*.

5. Fall	Ablativ	Adverbiale[45]	woher? wo? wann? wie? womit? wieso? mit wem?
6. Fall	Vokativ		

3. Flexionskasus & Präpositionalkasus

Wo das Lateinische sich eines bloßen Ablativs oder Akkusativs, das Altgriechische sich des bloßen Dativs, Genitivs oder Akkusativs zur adverbialen Bestimmung bedient, dort muß das Deutsche auf Präpositionalgefüge zurückgreifen. In vielen Fällen kann aber auch im Deutschen der bloße Kasus an Statt eines Präpositionalgefüges gesetzt werden. Der bloße Kasus ist klassisch, der Alten Sprache entsprechend und daher beim Übersetzen vorzuziehen, das Präpositionalgefüge modern, oft umständlich, häufig stilistisch minderwertig und beim Übersetzen daher meistens zu meiden.

---

45   Der Ablativ – sein Name sagt es bereits – ist ursprünglich der indogermanische *Separativ*. Zudem hat der lateinische Ablativ die Funktionen des indogermanischen *Lokativs* weitgehend übernommen, überdies die Funktionen des indogermanischen *Instrumentalis* sowie des *Soziativs* welcher zur Familie der instrumentalen Kasus gehört.

	grammatisch	klassisch	idiomatisch
Nominativ	Er ward Freund erkieset.	Er ward ein Freund erkieset.	Er wurde zu einem Freund erkoren.
Akkusativ	Er hielt ihn Freund.	Er hielt ihn einen Freund.	Er hielt ihn für einen Freund.
	Er machte ihn Freund.	Er machte ihn seinen Freund.	Er machte ihn zu seinem Freund.
	Sie glauben Gott und Rechtferti-gung!	Sie glauben Gott und Rechtferti-gung!	Sie glauben an Gott und Recht-fertigung!
Genitiv	Ich erinnere mich Frühlings.	Ich erinnere mich des Frühlings.	Ich erinnere mich an den Frühling.
	Er ist voll Hasses Gottes.	Er ist voll des Hasses Gottes.	Er ist voll von Haß gegen Gott.
	Du bist Mensch hohes Sinnes.	Du bist ein Mensch hohes Sinnes.	Du bist ein Mensch von hohem Sinn.
Dativ	Dir sähest, dir erntest du.	Dir sähest, dir erntest du.	Für dich sähst du, für dich erntest du.
	Mir ist Angst.	Mir ist Angst.	Ich habe Angst.

4. Der literarische Kasusgebrauch

4.1 Nominativ

4.1.1 Nominativus praedicativus

Ist der Nominativ nicht Subjekts- oder Attributskasus, liegt ein prädikativer Nominativ (Gleichsetzungsnominativ) vor.

B
> **Ein Held** kehrt er zurück dem Orden.
> **Ein Gott** webt in uns der Geist.
> Bemooster **Bursche** zieh ich aus.

4.2 Genitiv

4.2.1 Genitivus possessivus

Der genitivus possessivus bezeichnet den Besitzer, sein Bezugswort den Besitz.

B
> **Des Viehes** Wesen ist Trieb, des Menschen doch Geist.
> Gebet Gott, was **Gottes** ist.
> **Gottes** ist die Welt, nicht des Menschen.
> Der Wald ist **des Königs**.

4.2.2 Genitivus proprietatis

Im Lateinischen und Altgriechischen erscheint dieser Genitiv, eine ab-

strakte Version des genitivus possessivus, als Attribut eines ausgefalle-
nen Prädikatsnomens. Der Besitz, welchen er bezeichnet, ist eine *Pflicht*
oder *Aufgabe*, vornehmlich aber ein *Zeichen*, eine *Art*, ein *Wesen*, eine
Eigentümlichkeit, weswegen er genitivus proprietatis („Genitiv der Eigentümlichkeit") genannt wird.

Ⓑ **Eines Sklaven**[46] [Wesen] ist zu tun, welches andere gebieten, eines Mannes zu
wirken, welches er selbst sich gebeut.

4.2.3 Genitivus subiectivus

Der genitivus subiectivus kann als Subjekt aufgefaßt werden: Verwandelt man sein Bezugswort (z. B. Zorn) in ein entsprechendes Verb (z. B.
zürnen) oder eine verbale Phrase (z. B. zornig sein), dann kann er sinn-
gemäß mit „wer oder was?" erfragt werden (z. B. Wer oder was zürnt?).

Ⓑ **Der Götter** Zorn ist furchtbar.
Der Menschen Hoffnung ist Gott.
Der Vögel Flug gereichte den Alten zum Zeichen.
Der Kinder Furcht ist der Eltern grausames Mittel.
Der Triumph **Hannibals** kam zuerst, seine Niederlage zuletzt.
Der Sonne Schein belebt.

4.2.4 Genitivus obiectivus & genitivus adverbialis

Der genitivus obiectivus kann als Objekt aufgefaßt werden: Verwandelt
man sein Bezugswort (z. B. Zorn) in ein entsprechendes Verb (z. B. zür-

---

46   Im Lateinischen und Altgriechischen erscheint dieser Genitiv als Attribut eines aus-
gefallenen Prädikatsnomens. Der Besitz, welchen er bezeichnet, ist eine Pflicht oder
Aufgabe, vornehmlich aber ein Zeichen, eine Art, ein Wesen, eine Eigentümlichkeit,
weswegen er genitivus proprietatis („Genitiv der Eigentümlichkeit") genannt wird.

nen) oder eine verbale Phrase (z. B. zornig sein), dann kann er sinnge-
mäß mit „wem?" (z. B. wem zürnen?), in den meisten Fällen aber mit
„wen oder was?" (z. B. wen oder was fürchten?) erfragt werden.

Vor allem bei Verben der Trennung sowie der Getrenntheit kann der
Genitiv im Deutschen und Altgriechischen zuweilen als Adverbiale aufgefaßt werden oder auch als Objekt von einem Verbum oder Nomen
abhängig sein.

Der Götter Zorn ist Frevel.

Hoffnung **Gottes** ist der Menschen Trost.

Anfang der Weisheit ist Furcht **Gottes**.

Der Eltern Furcht ist der Kinder grausames Los.

Des Bösen, nicht **des Feindes** Haß gebietet Weisheit.

Das Studium **der** positiven **Wissenschaften** gehorche stets gesundem Maße.

Die Palästinenser sind ihrer heiligen **Rechte** beraubt.

Die meisten Menschen ermangeln **der Menschlichkeit**.

Wir bedürfen **des Gottes**, doch Gott bedarf nicht **unser**.

Ihn jammerte **des Volkes**.

Der Sieger schone **des Besiegten**!

Momos spottete **der** göttlichen **Werke**.

(B) Die Väter ziehen Scipio **der Unredlichkeit**.

Sokrates wurde **der Asebie** angeklagt.

Diogenes wurde **der Falschmünzerei** beschuldigt.

Die Wahrheit wird den Frevler **seiner Frevel** überführen.

Des frisch erkämpften **Weibes** freut sich der Atrid.

Wer auch immer **einer Wohltat** vergißt, **des** wird vergessen Gott.

Der Tugend begehre lieber denn **des Goldes**!

Des Eides gegen mich entlaß ich sie.

Gedenke **des Freundes**!

Cicero erinnerte sich seines **Schwures**.

Ihr könnt nicht **beider** genießen, **des Gottes** und **des Gelds**.

Koste **des** edelen **Weins**!

Wir achten nicht **des Weges**.

Ein großer Drache wartete **des Gartens**.

Euer hätt' ich nicht gefehlt.

Ich kenne **des Menschen** nicht.

Sorgsam brachte die Mutter **des** herrlichen **Weins**.

4.2.5 Genitivus totius

Dieser Genitiv bezeichnet das Ganze (totum), von welchem ein (abstrakter) Teil genommen wird. Sein Bezugswort, welches den Teil umfaßt, ist ein Substantiv, ein Adjektiv, ein Pronomen oder aber auch ein Adverb.

Der Rhein führt eine Menge **Wassers**.

Alles ist **des Gottes** voll.

Eine Legion zählte etwa 5000 **der Männer**.

(B) Die normalere **der Schwestern** war Marta, die bessere doch Maria.

Nichts **des Üblen** lobe!

Irgend **des Guten** täglich!

Catilina besaß **der Weisheit** zu wenig.

Wieviel **des Göttlichen** fehlt zur Unsterblichkeit Sterblichen!

4.2.6 Genitivus qualitatis

Der genitivus qualitatis bezeichnet leibliche und seelische Eigenschaften, Zahl, Maß, Gewicht, Wert und Art.

Gott ist ein Wesen unsterblicher **Art**.

Reichtum ist eine Sache geringen **Wertes**.

(B) Er verschied ein Knabe dreier **Jahre**.[47]

Nicht jedes **Geistes** Menschen sind zum Herrschen berufen.

Sei gutes **Mutes**!

---

47   Dieser deutsche Logos ist freilich hart an der Grenze zum Unsagbaren.

4.2.7 Genitivus explicativus

Der genitivus explicativus (definitivus, appositivus, epexegeticus) erscheint als Beifügung einer besonderen Erscheinungsform des Allgemeinen. Während der genitivus identitatis (z. B. Freude des Vergnügens) ein Synonym ist (irgend etwas ist irgend etwas), bezeichnet der genitivus explicativus (z. B. des Todes Strafe) eine Art (etwas ist eine Art von etwas).

(B) Die Tugend **der Gerechtigkeit** ist eine Kardinaltugend.
Der Gier Laster ist allen Weisen verhaßt.
Des Todes Strafe schändet des Richters Gewissen.

4.3 Dativ

4.3.1 Dativus (in)commodi

Dieser Dativ bezeichnet denjenigen, für welchen etwas von Vorteil oder Nachteil ist.

(B) **Dir** sähest, **dir** erntest du.
Andern bewirtschaftet er die Güter, nicht **sich**.
Tempeln unpassender Ort ist der rauschende Markt.
Menschlichkeit ist das Wesentliche **dem Menschen**.

4.3.2 Dativus iudicantis

Der dativus iudicantis bezeichnet den Betrachter, nach dessen Urteil (iudicium) eine Aussage gilt.

(B) **Jedem** ist das Seine schön.

(B) Der nach dem Guten strebt, ist **Gott** gerechtfertigt.
Den trefflich **Urteilenden** ist gewiß das Beste die Tugend.
Das Feuer ist **der Stoa** Gott.
Die Tugend ist **mir** vor allem angenehm.

4.3.3 Dativus possessivus

Auch der dativus possessivus bezeichnet den Besitzer. Im Lateinischen freilich betont er dabei – diachron betrachtet – den Besitz.

(B) **Mir** ist Angst.
Wem ist der Wald?

4.3.4 Dativus finalis

Der dativus finalis bezeichnet den Zweck (finis). Dieser Dativ ist im Deutschen ausgesprochen selten, wenn nicht man versucht, die Grenze zwischen dem dativus (in)commodi und dem dativus finalis zu verwischen. Inwieweit dies im Deutschen allerdings überhaupt möglich ist, müßte wohl genauer untersucht werden.

(B) Er lebt nur **dem Gelde**.

4.4 Akkusativ

4.4.1 Accusativus praedicativus

Ist der Akkusativ nicht Objekts- oder Attributskasus, liegt ein prädikativer Akkusativ (Gleichsetzungsakkusativ) vor.

Sie nannten Diogenes einen verrückt gewordenen **Sokrates**.

Die Gallier erkoren Vercingetorix ihren **Führer**.

Die Akademiker wählten Polemon ihren **Scholarchen**.

Heiß mich nicht **reden**, heiß mich **schweigen**![48]

5. Der absolute Kasus

Der absolute Kasus erscheint im Deutschen als *genitivus absolutus*. Während dieser im Deutschen jedoch überaus selten ist, begegnet er relativ häufig im Altgriechischen. Im Lateinischen ist der *ablativus absolutus* ein typisches Syntagma. Der absolute Kasus, zumeist bestehend aus einem Partizip und einem kongruenten Nomen, ist ein Adverbialsatzäquivalent, welches sich in einen Adverbialsatz verwandeln läßt: Zuerst wird mit einer entsprechenden Subjunktion eröffnet, das Partizip sodann in das Prädikat, das Nomen zuletzt aber in das Subjekt verwandelt.

Absoluter Kasus	Adverbialsatz
Wallender Locke nickte der lilienarmigen Hera / Zeus, und schweigender Lippen dankte die schöne Argeia.	Zeus nickte der lilienarmigen Hera, wobei seine Locke wallte, / und die schöne Argeia dankte, wobei ihre Lippen schwiegen. (modal)
Sprach's und dehnte die sirrende Senne, und blitzendes Auges / Kürte sein edeler Zorn die Beute beflügel-tem Pfeile.	Sprach's und dehnte die sirrende Senne, und sein edeler Zorn kürte die Beute beflügeltem Pfeile, wobei sein Auge blitzte. (modal)

---

48   Dieser Akkusativ der Sache neben dem Akkusative der Person ist kein prädikativer Akkusativ, wird aber genau wie dieser erfragt.

Lächelnder Wange senkte den Schleier die weißlichte Göttin.	Die weißlichte Göttin senkte den Schleier, wobei ihre Wange lächelte. (modal)
Stehendes Fußes warfen die Sparter des Königes Völker.	Die Sparter warfen des Königes Völker, wobei ihr Fuß stand. (modal)
Splitternder Schäfte schlugen durch Eisen die eschenen Lanzen.	Die eschenen Lanzen schlugen durch Eisen, wobei ihre Schäfte splitterten. (modal)
Weinendes Auges rief er den Schatten, den Schatten verschlangen.	Er rief den Schatten, den Schatten verschlangen, wobei sein Auge weinte. (modal)
Rasendes Sinnes brauste zum frevelen Morde Medea; / Grauender Stirne wandte Titan die schnaubenden Rosse.	Medea brauste zum frevelen Morde, als raste ihr Sinn; (temporal) / Titan wandte die schnaubenden Rosse, wobei seine Stirne graute. (modal)
Währender Nacht stund stille der Mond auf Gottes Geheiß und / Währendes Tages der Sonne Lauf um Israels willen.	Als die Nacht währte, stund stille der Mond auf Gottes Geheiß und, / als der Tag währte, der Sonne Lauf um Israels willen. (temporal)
Gewandeltes Sinnes entstieg der Sigamber den heiligen Fluten.	Nachdem sein Sinn sich gewandelt hatte, entstieg der Sigamber den heiligen Fluten. (temporal)
Schäumender Wut durchbohrte er Kleitos mit frevelnder Lanze.	Da schäumte seine Wut, durchbohrte er Kleitos mit frevelnder Lanze. (temporal)

Participium coniunctum

Das Participium coniunctum (PC) ist Bestandteil eines Nebensatzäquivalentes, welches in der deutschen Grammatik als *Partizipialsatz* bezeichnet wird. Jeder Partizipialsatz vermag in einen Nebensatz[49] verwandelt zu werden. Die Schwierigkeit bei der Transformierung von Partizipialsätzen besteht darin, daß der adverbiale Nebensinn jeweils genau erfaßt werden muß. So ist etwa folgendes PC kryptokonzessiv:

> Schon völlig **ermüdet**, wagte **Marcus** dennoch den Kampf.

Der Partizipialsatz „schon völlig ermüdet" kann in einen adverbialen Nebensatz *konzessiver* Sinnrichtung verwandelt werden:

> Obwohl **er** schon völlig **ermüdet war**, wagte **Marcus** dennoch den Kampf.

Das PC hat stets ein Bezugswort, welches mit ihm hinsichtlich *Kasus*, *Numerus* und *Genus* kongruent ist.

Das Partizip Perfekt ist ein Partizip der Vorzeitigkeit, das Partizip Präsens ein Partizip der Gleichzeitigkeit, das Partizip Futur ein Partizip der Nachzeitigkeit. Entsprechend wird auch entweder in einen vorzeitigen, einen gleichzeitigen oder einen nachzeitigen Nebensatz übersetzt.

---

49   Das PC ist fast immer adverbial; nur selten läßt es sich allein in das Prädikat eines Relativsatzes übersetzen.

Brutus, aus dem Tempel **tretend**, fiel.	↔	Brutus fiel, als er aus dem Tempel **trat**.
Brutus, aus dem Tempel **getreten**, fiel.	↔	Brutus fiel, als er aus dem Tempel **getreten**.
B., aus dem Tempel **treten wollend**, fiel.	↔	B. fiel, als er aus dem Tempel **treten wollte**.

Im Lateinischen und im Altgriechischen erscheinen das PC und sein Bezugswort meistens in geschlossener Wortstellung. Dabei handelt es sich nicht um ein Stilmittel, sondern um ein habitualisiertes Hyperbaton. Diese Wortstellung kann in jedem Falle nachgeahmt werden, auch wenn im Deutschen die offene Wortstellung gepflegt wird, die eigentlich nur dem attributiven Partizip (AP) ziemt.

Participium coniunctum	Adverbialsatz
Aeneas, seinen Vater auf Schultern tragend, eilte zum Meere.	A. eilte zum Meere, wobei er seinen Vater auf Schultern trug. (modal)
Einem Menschen, stets das Wahre sagend, vertrauen wir.	So er stets das Wahre sagt, vertrauen wir einem Menschen. (kondizional)
Die Römer vertrieben Tarquinius, die Rechte verachtend(en)[50], aus Rom.	Die Römer vertrieben T. aus Rom, da er die Rechte verachtete. (kausal)
Caesar, die Feinde erblickt habend[51], befahl den Angriff.	Als er die Feinde erblickt hatte, befahl Caesar den Angriff. (temporal)

---

50 Das Bezugswort wird hier nur klar, wenn die Endung gesetzt wird. Das endungslose PC konnte sich morphologisch auch auf die Römer beziehen.

51 Bei Verben, welche das aktive Perfekt mit Partizip und „haben" bilden, tritt auch das PC mit „haben" auf. Konstruktionen dieser Art sind stilistisch grenzwertig.

Gerundialia

1. Gerundium

Das lateinische Gerundium entspricht dem deutschen substantivierten Infinitiv Präsens Aktiv. Während das nominale Substantiv durch Attribut *(die Verachtung des Todes)* näherbestimmt wird, regiert der Infinitiv Objekte *(das Verachten den Tod)*. Aufgrund seiner Eigenschaft als Participiale ist der Infinitiv nämlich Träger der Verbvalenz, das heißt, daß er wie das finite Verb Macht und Fähigkeit besitzt, Objektstellen zu eröffnen. Näherbestimmt wird er entsprechend durch Adverbialia. Eine Konstruktion dieser Art liegt im Deutschen jedoch hart an der Grenze zum Unsagbaren und kann lediglich als grammatischer Logos exemplarisch fungieren.

grammatisch	idiomatisch
Irren ist menschlich.	Irren ist menschlich.
Die Kunst des Singens eine Arie ist schwer.	Die Kunst, eine Arie zu singen, ist schwer.
Über das gut und glücklich Leben haben die Philosophen oft disputiert.	Über das gute und glückliche Leben haben die Philosophen oft disputiert.

Ich ward von Begierde des Schauens meinen Freund ergriffen.	Ich ward von Begierde ergriffen, meinen Freund zu schauen.
Die pythagoreischen Ärzte waren kundig des Krankheiten Heilens.	Die pythagoreischen Ärzte waren kundig des Heilens von Krankheiten.
Der Verständige ist stets begierig des Lernens Neues.	Der Verständige ist stets begierig, Neues zu lernen.
Ich hatte keine Gelegenheit des Lernens dieses und anderes.	Ich hatte keine Gelegenheit, dieses und anderes zu lernen.
Sparsamkeit ist die Kunde des Vermeidens überflüssigen Aufwand oder die Kunst des den eigenen Besitz maßvoll Gebrauchens.	Sparsamkeit ist die Kunde der Vermeidung überflüssigen Aufwandes oder die Kunst, den eigenen Besitz maßvoll zu gebrauchen.
Durch sorgfältig Pflegen den Acker wird die Feldfrucht gemehrt.	Durch sorgfältige Pflege des Ackers wird die Feldfrucht gemehrt.
Die Kunst des den Staat trefflich Führens ist schwer.	Die Kunst der trefflichen Staatsführung ist schwer.
Durch tapfer Kämpfen eroberten die Soldaten das Lager der Feinde.	Indem sie tapfer kämpften, eroberten die Soldaten das Lager der Feinde.
Obwohl unsere Soldaten mit Begierde des Kämpfens erfüllt waren, hielt ich nützlicher, durch Weichen Frieden zu wahren.	Obwohl unsere Soldaten mit Kampfbegierde erfüllt waren, hielt ich nützlicher, durch Rückzug Frieden zu wahren.

2. Gerundivum

Das lateinische Gerundivum ist definiert als ein *passivisches Verbaladjektiv* im Sinn eines *Partizip Futur Passiv (z. B. ein gelobt werden werdender)*. Synchron betrachtet werden kann es als ein *Partizip Präsens Passiv (z. B. ein gelobt werdender)*. Es tritt gerne mit einer sogenannten *notio necessitatis (Sinn der Notwendigkeit)* auf – vor allem als Prädikatsnomen – und erscheint dann mit dem Partizip Präsens von „müssen" angereichert *(z. B. ein gelobt werden müssender)*.[52]

Das sogenannte *dominante Gerundivum* wird gewöhnlich in eine Fügung aus Verbalsubstantiv und Genitivattribut übersetzt *(z. B. des Lagers als eines erobert werdenden wegen → der Eroberung des Lagers wegen)*.

grammatisch	idiomatisch
Der Knabe ist ein gelobt werden müssender.	Der Knabe muß gelobt werden.
Wenn Gott hilft, ist nichts ein gefürchtet werden müssendes.	Wenn Gott hilft, muß man nichts fürchten.
Der Schmerz ist ein nicht ertragen werden könnender.[53]	Der Schmerz kann nicht ertragen werden.
Die Freunde sind im Unglück nicht verlassen werden dürfende.	Freunde dürfen im Unglück nicht verlassen werden.

---

52   Im Altgriechischen erscheint anstatt des Gerundivums das seltene Verbaladjektiv auf -τέος.

53   Das dominante Gerundivum ist recht eigentlich ein Prädikativum: „Ich bleibe zu Hause der Wissenschaften als studiert werdender wegen." Um die Sache aber wenigstens etwas einfacher zu gestalten, behandle ich das Gerundivum hier und im Folgenden wie ein Attribut.

Arme und Not Leidende sind unter-stützt werden müssende.	Arme und Not Leidende müssen unterstützt werden.
Ich bleibe zu Hause der studiert wer-denden[54] Wissenschaften wegen.	Ich bleibe zu Hause des Studiums der Wissenschaften wegen.
Den Feinden schwand die Hoffnung der erobert werdenden Stadt.	Den Feinden schwand die Hoff-nung auf Eroberung der Stadt.
Die Helvetier faßten den Plan des erneuert werdenden Krieges.	Die Helvetier faßten den Plan der Erneuerung des Krieges.
Viele glaubten, daß die Zeit des unterdrückt werdenden Volkes gekommen sei.	Viele glaubten, daß die Zeit der Unterdrückung des Volkes gekommen sei.
Kyros der Jüngere hatte keine Gele-genheit des gebraucht werdenden Sieges.	Kyros der Jüngere hatte keine Gele-genheit, von seinem Siege Gebrauch zu machen.
Gib dir Mühe bei gelernt werden-den Alten Sprachen.	Gib dir Mühe beim Lernen Alter Sprachen.
Es existieren einige geübt werden-den Fähigkeiten der Knaben keines-wegs unnütze Spiele.	Es existieren einige der Übung der Fähigkeiten der Knaben keines-wegs unnütze Spiele.
Bei ausgewählt werdenden Freun-den muß man höchste Sorgfalt walten lassen.	Bei der Freunde Auswahl muß man höchste Sorgfalt walten lassen.

---

54   Verneintes Gerundivum bezeichnet das, was nicht getan werden muß, darf, kann oder soll.

Die Volksversammlung klatschte Beifall bei Ciceros verlesen werdendem Namen.	Volksversammlung klatschte Beifall bei der Verlesung des Namens Ciceros.
Die Römer konnten Hannibal von dem überquert werdenden Fluß nicht abhalten.	Die Römer konnten Hannibal von der Überquerung des Flusses nicht abhalten.

Tempora

1. Tempora praesentia

Im Deutschen existieren vier *Gegenwartstempora (tempora praesentia)*:

- Präsens
- Perfekt
- Futur Präsens
- Futur Perfekt

Das *Präsens* bezeichnet Vorgang, Zustand oder Handlung in der Gegenwart, das *Perfekt* einen (Ergebnis-)Zustand in der Gegenwart, das *Futur Präsens* das Werden[55] eines Vorgangs, Zustands oder einer Handlung in der Gegenwart, das *Futur Perfekt* das Werden eines (Ergebnis-)Zustands in der Gegenwart.

2. Tempora praeterita

Im Deutschen existieren drei *Vergangenheitstempora (tempora praeterita)*:

---

55   Das Verb „werden" (vgl. lat. „vertere") bedeutet ursprünglich „wenden" und dient hier recht eigentlich der Umschreibung einer Absicht: So bedeutet etwa „gehen werden" nichts anderes als „sich zum Gehen wenden".

- Imperfekt
- Perfekt
- Plusquamperfekt

Das *Imperfekt* bezeichnet Vorgang, Zustand oder Handlung in der Vergangenheit, das *Perfekt* eine Vergangenheitstatsache, eine Erfahrungstatsache oder einen Tatsachenkomplex, das *Plusquamperfekt* einen (Ergebnis-)Zustand in der Vergangenheit.
Die im Gefolge einhergehende Tabelle bietet eine übersichtliche Darstellung sämtlicher Tempora.

	Tempus	Bezeichnung	Beispiele
Tempora praesentia	Präsens	Vorgang Zustand Handlung	Die Bildung sinkt zu Grabe. Gott existiert. Der Weise lehrt Weisheit.
	Perfekt	Zustand	Der Würfel ist gefallen.
	Futur Präsens	Werden	Das Böse wird fallen, das Gute triumphieren.
	Futur Perfekt	Zustand	Der Krieg wird beendet sein.
Tempora praeterita	Imperfekt	Vorgang Zustand Handlung	Sokrates fand den Weg zum Licht. Diogenes lag in einem Fasse. Seneca lehrte sein Jahrhundert.
	Perfekt	Zustand	Sokrates ist gestorben.
	Plus-quam-perfekt	Zustand	Der Janustempel war geschlossen.

Aspekte

Der Verbalaspekt bezeichnet den Blick des Sprechers oder Schreibers auf Handlung oder Ereignis. Entscheidend ist dabei nicht, ob etwas vergangen, gegenwärtig oder zukünftig ist, sondern ob durativ oder resultativ, linear oder punktuell. Zuweilen dient der Verbalaspekt dem wahrhaft fähigen Redner oder Literaten als Spezialeffekt, welcher freilich nur dann als solcher wahrgenommen wird, wenn der Hörer oder Leser in der Lage ist, diesen geistig zu erfassen. So kann der Verbalaspekt etwa Standbilder vor das geistige Auge zeichnen, Momentaufnahmen oder gleichsam als Photostrecken Rückblenden visualisieren.

Jedes Tempus kann Verschiedenes visualisieren. Das Perfekt etwa ist immer resultativ bzw. stativ. Es vermag also niemals etwas als ablaufend vorzustellen. Das Imperfekt hinwieder ist stets linear oder punktuell. Freilich kümmert sich der saloppe Sprachgebrauch keineswegs um diese Tatsachen, das Perfekt wird anstelle des Imperfekts gebraucht, das Imperfekt anstelle des Perfekts, weshalb auch in Hinblick auf den Aspekt eine geradezu babylonische Sprachverwirrung allgemeiner Zustand ist.

1. Präsentischer Aspekt

Der präsentische Aspekt ist sehr schillernd. Die wichtigsten Betrachtungsweisen werden im Folgenden vorgestellt. Da das Futur im Deutschen nichts weiter als eine coniugatio periphrastica (umschreibendes

Futur)[56] ist, teilt es sich mit dem Präsens zumindest in den linearen und gnomischen Aspekt.

1. 1 Aktuelles Präsens

Das aktuelle Präsens visualisiert Ereignisse, welche in der Gegenwart andauern. Das aktuelle Präsens ist also durativ bzw. linear:

(B) Der Tugend Geist atmet in jedem trefflichen Menschen.

1. 2 Gnomisches Präsens

Das gnomische[57] Präsens, eine Form des *generellen (atemporalen)* Präsens, bezeichnet stets gültige Wahrheiten. Es macht den Umstand deutlich, daß die Wahrheit stets gegenwärtig ist:

(B) Verbrechen zahlt sich nicht aus.

---

56   In dem Satz „ich werde schreiben" entspricht das Futur dem englischen Futur I Simple, welches eine bestehende Absicht zum Ausdruck bringt. Ausgehend von der Etymologie der Verbes „werden" bedeutet es ursprünglich „ich wende mich zum Schreiben". Die Umschreibung erfolgte also vermittelst einer reflexiv gebrauchten finiten Form im Präsens sowie eines finalen Infinitivs Präsens Aktiv.

57   Eine Gnome (γνώμη) ist eine Erkenntnis in Gestalt einer Spruchweisheit oder Sentenz. Gnomen sind die erlesensten Perlen im reichen Schatze der Weisheit des Altertums. Seneca genoß sein hohes Ansehen vor allem seiner unübertrefflichen Sentenzen wegen. Von manchen antiken Autoren wie etwa Menander oder Publilius Syrus sind überhaupt nur ihre Sentenzen überliefert.

1. 3 Prägnantes Präsens

Auch das prägnante Präsens ist eine Form des *generellen* Präsens. Es bezeichnet Handlungen, die zugleich Gegenwart und Vergangenheit betreffen:

(B) Sokrates pflegt dasselbe zu sagen.

1. 4 Iteratives Präsens

Das iterative Präsens steht dem prägnanten Präsens durchaus nahe, indem es Handlungen bezeichnet, welche zu einer Gewohnheit oder Sitte geworden sind und sich daher beständig wiederholen:

(B) Täglich sende ich Briefe an dich.

1. 5 Literatorisches Präsens

Das literatorische Präsens bezeichnet die Aktualität eines Literaten vergangener Zeit, welcher immer noch gelesen wird:

(B) Platon lehrt die Unsterblichkeit der Seele.

1. 6 Historisches Präsens

Das historische Präsens rückt Vergangenes urplötzlich in die Gegenwart, weshalb es auch *repräsentatives* Präsens genannt wird. Als Spezialeffekt[58] wirkt es wie ein rasanter, unvermittelter Wechsel von Zeitlupe zu Echtzeit:

 Und mächtig schritt aus der Pelide, und nervichter Faust entschickt er den Speer.

2. Imperfektiver Aspekt

Auch der imperfektive Aspekt entspricht teilweise dem präsentischen Aspekt, da das Imperfekt ein duratives Vergangenheitstempus ist, welches als Imperfekt aber ebenso abgeschlossen aufgefaßt werden kann, da es – auch morphologisch – mit dem Aorist und dem Ur-Perfekt verwandt ist. Im Lateinischen und Altgriechischen hat das Imperfekt mehr Visualisierungsmöglichkeiten denn im Deutschen. Das deutsche Imperfekt wird in der Germanistik *Präteritum* genannt. Im Folgenden werden jene beiden Aspekte aufgeführt, welche im Deutschen, Lateinischen und Altgriechischen typisch für das Imperfekt sind. Das *konative* Imperfekt, welches sowohl im Lateinischen als auch im Altgriechischen existiert, muß im Deutschen mit „versuchen" umschrieben werden.

2. 1 Lineares Imperfekt

Das lineare Imperfekt visualisiert Ereignisse, welche in der Vergangenheit andauern. Es ist also durativ:

---

58   Die gewöhnliche Praxis der Übersetzung des lateinischen und altgriechischen praesens historicum in ein Imperfekt beschädigt des Autors Kunstwerk empfindlich und ist daher nur unter dem Gesichtspunkt vertretbar, daß wörtliche Übersetzung von Sprachprüfern oft als Fehlleistung gewertet wird.

(B) Der Tugend Geist atmete in Sokrates.

2. 2 Iteratives Imperfekt

Das iterative Imperfekt bezeichnet Handlungen, welche zu einer Gewohnheit oder Sitte geworden sind und sich daher beständig wiederholen, auch Dauerzustände und bestehende Einrichtungen:

Täglich sandte ich Briefe an dich.
(B) Cato pflegte zu sagen, daß Karthago zerstört werden müsse.
In Rom wurden jährlich zwei Konsuln auf ein Jahr gewählt.

3. Perfektischer Aspekt

Der perfektische Aspekt bezeichnet Zustände, welche andauern, also
Ereignisse, welche als abgeschlossen und durativ visualisiert werden.
Sowohl das Perfekt als auch das Plusquamperfekt und das Futur Perfekt
haben perfektischen Aspekt. Weiter zu unterscheiden ist zwischen dem
resultativen Aspekt, welcher das Resultat als Konsequenz einer Handlung oder eines Vorganges visualisiert, und dem *stativen* Aspekt, welcher lediglich den Zustand, nicht aber den Vorgang betrachtet.

3. 1 Resultativer Aspekt

Der resultative Aspekt visualisiert das *Ergebnis* einer Handlung oder eines Vorganges:

(B) Sokrates hat die Menschen Weisheit gelehrt.

Am Ende wird jeder seines Wertes Kenntnis gewonnen haben.

(B) Das Tor ist geschlossen worden.

Das Tor war geschlossen worden.

3. 2 Stativer Aspekt

Der stative Aspekt visualisiert einen *Zustand*, ohne den Blick auf den Vorgang zu lenken:

Der alten Weisen Bücher sind mit unfruchtbarem Staube bedeckt.

(B) Der alten Weisen Bücher waren nicht mit unfruchtbarem Staube bedeckt.

Das Tor ist geschlossen.

Das Tor war geschlossen.

Consecutio temporum

1. Zeitenfolge

Die Handlung, das Geschehen oder der Zustand in einem Hauptsatze können vor oder nach der Handlung, dem Geschehen oder dem Zustand des Nebensatzes liegen oder auch auf gleicher zeitlicher Ebene. Daher existieren also *drei Zeitverhältnisse*:

- Vorzeitigkeit
- Gleichzeitigkeit
- Nachzeitigkeit

Die regelmäßige Folge der Zeiten nennt man *Zeitenfolge (consecutio temporum)*.

1. 1 Zeitenfolge im indikativischen Nebensatz

Diese Tabellen lehren die Hauptregeln der Zeitenfolge in indikativischen Nebensätzen:

Hauptsatz	Nebensatz		
	Vorzeitigkeit	Gleichzeitigkeit	Nachzeitigkeit
Präsens	Perfekt	Präsens	Präsens
Futur I	Futur II	Futur I	Futur II
Imperfekt	Plusquamperfekt	Imperfekt	Imperfekt

Freilich sind auch ganz andere Kombinationen möglich, kommt es ja letztendlich allein darauf an, wie genau man Verhältnisse darzustellen beabsichtigt.

1. 1. 1 Aktiv

Hauptsatz	Nebensatz		
	Vorzeitigkeit	Gleichzeitigkeit	Nachzeitigkeit
Wir kommen,	nachdem es geregnet hat.	während es regnet.	bevor es regnet.
Wir werden kommen,	nachdem es geregnet haben wird.	während es regnen wird.	bevor es geregnet haben wird.
Wir kamen,	nachdem es geregnet hatte.	während es regnete.	bevor es regnete.

Hauptsatz	Nebensatz		
	Vorzeitigkeit	Gleichzeitigkeit	Nachzeitigkeit
Er flucht nicht,	nachdem er gefallen ist.	während er fällt.	bevor er fällt.
Er wird nicht fluchen,	nachdem er gefallen sein wird.	während er fallen wird.	bevor er gefallen sein wird.
Er fluchte nicht,	nachdem er gefallen war.	während er fiel.	bevor er fiel.

1. 1. 2 Passiv

Hauptsatz	Nebensatz		
	Vorzeitigkeit	Gleichzeitigkeit	Nachzeitigkeit
Die Feinde fliehen,	nachdem sie geschlagen (worden) sind.	während sie geschlagen werden.	bevor sie geschlagen werden.
Die Feinde werden fliehen,	nachdem sie geschlagen (worden) sein werden.	während sie geschlagen werden werden.	bevor sie geschlagen (worden) sein werden.
Die Feinde flohen,	nachdem sie geschlagen (worden) waren.	während sie geschlagen wurden.	bevor sie geschlagen wurden.

1. 2 Zeitenfolge im konjunktivischen Nebensatz

Erscheint der Konjunktiv II im Nebensatz, handelt es sich in der Regel um einen Konjunktiv der Potentialität oder der Irrealität. Erscheint hingegen der Konjunktiv I, handelt es sich um einen Konjunktiv der innerlichen Abhängigkeit. Diese Tabellen lehren Form und Gebrauch des Konjunktivs I:

	Person	Sein	Haben
Singular	1. Person	ich sei	ich habe
	2. Person	du seiest	du habest
	3. Person	er, sie, es sei	er, sie, es habe
Plural	1. Person	wir seien	wir haben
	2. Person	ihr seiet	ihr habet
	3. Person	sie seien	sie haben

1. 2. 1 Aktiv

Hauptsatz	Nebensatz		
	Vorzeitigkeit	Gleichzeitigkeit	Nachzeitigkeit
Er sagt,	sie sei gefallen.	sie falle.	sie werde fallen.
Er wird sagen,	sie sei gefallen.	sie falle.	sie werde fallen.
Er sagte (hat gesagt, hatte gesagt),	sie sei gefallen.	sie falle.	sie werde fallen.

Hauptsatz	Nebensatz		
	Vorzeitigkeit	Gleichzeitigkeit	Nachzeitigkeit
Er sagt,	es habe geregnet.	es regne.	es werde regnen.
Er wird sagen,	es habe geregnet.	es regne.	es werde regnen.
Er sagte (hat gesagt, hatte gesagt),	es habe geregnet.	es regne.	es werde regnen.

1. 2. 2 Passiv

Hauptsatz	Nebensatz		
	Vorzeitigkeit	Gleichzeitigkeit	Nachzeitigkeit
Er sagt,	sie sei ver- haftet worden.	sie werde ver- haftet.	sie werde verhaftet werden.
Er wird sagen,	sie sei ver- haftet worden.	sie werde ver- haftet.	sie werde verhaftet werden.
Er sagte (hat gesagt, hatte gesagt),	sie sei ver- haftet worden.	sie werde ver- haftet.	sie werde verhaftet werden.

Pronomina

Mancher Pronomina Form und Gebrauch wird gewöhnlich nicht be-
herrscht. Dabei handelt es sich vor allem um diese Pronomina:

- Interrogativpronomen
- Relativpronomen
- Demonstrativpronomina
- Personalpronomina
- Reflexivpronomina

1. Interrogativpronomen

	Singular			Plural		
	m	f	n	m	f	n
Nominativ	wer	wer	was	welche	welche	welche
Genitiv	wes-(sen)	wes-(sen)	wes-(sen)	wel-cher	wel-cher	wel-cher
Dativ	wem	wem	was	wel-chen	wel-chen	wel-chen
Akkusativ	wen	wen	was	welche	welche	welche

2. Relativpronomen

	Singular			Plural		
	m	f	n	m	f	n
Nominativ	wel-cher	welche	wel-ches	welche	welche	welche
Genitiv	wel-ches	wel-cher	wel-ches	wel-cher	wel-cher	wel-cher
Dativ	wel-chem	wel-cher	wel-chem	wel-chen	wel-chen	wel-chen
Akkusativ	wel-chen	welche	wel-ches	welche	welche	welche

3. Demonstrativpronomina

	Singular			Plural		
	m	f	n	m	f	n
Nominativ	dieser	diese	dieses	diese	diese	diese
Genitiv	dieses	dieser	dieses	dieser	dieser	dieser
Dativ	diesem	dieser	diesem	diesen	diesen	diesen
Akkusativ	diesen	diese	dieses	diese	diese	diese

	Singular			Plural		
	m	f	n	m	f	n
Nominativ	jener	jene	jenes	jene	jene	jene
Genitiv	jenes	jener	jenes	jener	jener	jener
Dativ	jenem	jener	jenem	jenen	jenen	jenen
Akkusativ	jenen	jene	jenes	jene	jene	jene

4. Personalpronomina

	Singular			Plural		
	1	2	3	1	2	3
Nominativ	ich	du	er, sie, es	wir	ihr	sie
Genitiv	mei-n(er)	dei-n(er)	sei-n(er), ihrer, seiner	unser	euer	ihr(er)
Dativ	mir	dir	ihm, ihr, ihm	uns	euch	ihnen
Akkusativ	mich	dich	ihn, sie, es	uns	euch	sie

5. Reflexivpronomina

	Singular			Plural		
	1	2	3	1	2	3
Nominativ						
Genitiv	meiner	deiner	seiner, ihrer, seiner	unser	euer	ihrer
Dativ	mir	dir	sich	uns	euch	sich
Akkusativ	mich	dich	sich	uns	euch	sich

6. Das Demonstrativum „des(sen)"

Der bestimmte Artikel „der" ist ursprünglich ein Demonstrativpro-nomen. Dieses aber bildet im Singular die Genitive „des(sen)" und „der(en)" oder „der(er), im Plural die Genitive „der(en)" oder „der(er)". Im Deutschen wird dieses Pronomen an Statt des Genitivs des Relativ-pronomens *(welcher)*, des Demonstrativpronomens *(dieser, jener)* und des Personalpronomens *(sein)* verwendet. Das führt zu großer Verwirr-nis beim Übersetzen aus dem Lateinischen und Altgriechischen, da die antiken Sprachen sich der eigentlichen Pronomina bedienen. Da eben-so das Deutsche zum Gebrauche der eigentlichen Pronomina fähig ist, sollen diese auch Anwendung finden um des Übersetzungserfolges und der Sprache Würde willen.

Übungen

1 Übung zu den Wortarten

Aufgabe

Benennen Sie jeweils die Wortart der kursiv gesetzten Wörter.

- Es steht fest, *daß* Sokrates der weiseste *und* edelste aller Sterblichen gewesen ist.
- Die Gerechtigkeit *sowohl als auch* die Besonnenheit sind Kardinaltugenden.
- Da stand Josef auf, nahm das Kind sowie *desselben* Mutter und floh *mit*ihnen *nach* Ägypten.
- *Was* sind Zinsgewinn, Schuldbuch und Profit, *wenn* nicht Namen *für* die Gier des Menschen?
- Niemals erhofft *die* Übertreibung so viel, wie sie *wagt*, sondern *sie* behauptet *Unglaubliches*, um zum Glaubhaften vorzudringen.
- Nicht kommt es darauf an, wieviel *du* an *einer* Stelle *einfüllst*, *welche* sich nicht *füllen* läßt.
- Liebe *dich selbst*.
- Nicht viel wird schaden *dir*, an dem *vorbeigegangen* zu sein, was zu wissen *weder* möglich ist *noch* nützt.
- *Spät* erweist eine Wohltat, wer sie einem *Bittenden* erweist.
- *Als* Meister führt der Gott aus dem Dunkel ins Licht *unsere* Anlagen.
- Wert ist, *enttäuscht* zu werden, welcher auch immer an das *wieder Bekommen* dachte, *während* er gab.
- Eine Wohltat erweise ich, *wenn* ich nicht dulde, *daß* einer *undankbar* ist.

Lösung

- Es steht fest, *daß (Subjunktion)* Sokrates der weiseste *und (Konjunktion)* edelste aller Sterblichen gewesen ist.
- Die Gerechtigkeit *sowohl als auch (korrespondierende Konjunktion)* die Besonnenheit sind Kardinaltugenden.
- Da stand Josef auf, nahm das Kind sowie *desselben (Identitätspronomen)* Mutter und floh *mit (Präposition)* ihnen *nach (Präposition)* Ägypten.
- *Was (Interrogativpronomen)* sind Zinsgewinn, Schuldbuch und Profit, *wenn (Subjunktion)* nicht Namen *für (Präposition)* die Gier des Menschen?
- Niemals erhofft *die (bestimmter Artikel)* Übertreibung so viel, wie sie *wagt (finites Verb)*, sondern *sie (Personalpronomen)* behauptet *Unglaubliches (substantiviertes Adjektiv)*, um zum Glaubhaften vorzudringen.
- Nicht kommt es darauf an, wieviel *du (Personalpronomen)* an *einer (unbestimmter Artikel)* Stelle *einfüllst (finites Verb)*, *welche (Relativpronomen)* sich nicht *füllen (infinites Verb)* läßt.
- Liebe *dich (Reflexivpronomen) selbst (Intensivpronomen)*.
- Nicht viel wird schaden *dir (Personalpronomen)*, an dem *vorbeigegangen (Partizip Perfekt Aktiv)* zu sein, was zu wissen *weder* möglich ist *noch (korrespondierende Konjunktion)* nützt.
- *Spät (Temporaladverb)* erweist eine Wohltat, wer sie einem *Bittenden (substantiviertes Partizip Präsens Aktiv)* erweist.
- *Als (Satzteilkonjunktion)* Meister führt der Gott aus dem Dunkel ins Licht *unsere (Possessivpronomen)* Anlagen.
- Wert ist, *enttäuscht (Partizip Perfekt Passiv)* zu werden, welcher auch immer an das *Wiederbekommen (substantivierter Infinitiv Präsens Aktiv)* dachte, *während (Subjunktion)* er gab.
- Eine Wohltat erweise ich, *wenn (Subjunktion)* ich nicht dulde, *daß (Subjunktion)* einer *undankbar* ist.

Übung zu den Pronomina

Aufgabe

Vervollständigen Sie die Relativ- und Demonstrativpronomina, indem Sie richtig ergänzen. Fügen Sie fehlende genitivische Personal- und Reflexivpronomina korrekt ein.

- Welch_ Gesinnung uns nicht genau bekannt ist, diesem wollen wir nicht vertrauen.
- Welch_ Gesinnung uns nicht genau bekannt ist, diesen wollen wir nicht vertrauen.
- Welch_ Gesinnung uns nicht genau bekannt ist, dieser wollen wir nicht vertrauen.
- Welcher herrschet ohne höhere menschliche Bildung, dies_ Macht ist verderblicher Natur.
- Welche herrschet ohne höhere menschliche Bildung, dies_ Macht ist verderblicher Natur.
- Welche herrschen ohne höhere menschliche Bildung, dies_ Macht ist verderblicher Natur.
- Jeder Mensch wird zur Liebe _____ *(Reflexivpronomen)* selbst geboren.
- Die Liebe _____ *(Personalpronomen)* wird alle Trefflichen erfüllen, so wir selbst zur Trefflichkeit gelangt sein werden.
- Die Liebe _____ *(Reflexivpronomen)* wird uns erfüllen, so wir zur Trefflichkeit gelangt sein werden.
- Hypatia vergaß der Niedrigkeit dieser Welt, nicht jedoch des Himmels noch _____ *(Reflexivpronomen)* selbst.
- Nimmer vergesset _____ (Reflexivpronomen), gedenket des unsterblichen Geistes und kostet _____ (Personalpronomen).

Lösung

- Welches Gesinnung uns nicht genau bekannt ist, diesem wollen wir nicht vertrauen.
- Welcher Gesinnung uns nicht genau bekannt ist, diesen wollen wir nicht vertrauen.
- Welcher Gesinnung uns nicht genau bekannt ist, dieser wollen wir nicht vertrauen.
- Welcher herrschet ohne höhere menschliche Bildung, dieses Macht ist verderblicher Natur.
- Welche herrschet ohne höhere menschliche Bildung, dieser Macht ist verderblicher Natur.
- Welche herrschen ohne höhere menschliche Bildung, dieser Macht ist verderblicher Natur.
- Jeder Mensch wird zur Liebe seiner selbst geboren.
- Die Liebe unser wird alle Trefflichen erfüllen, so wir selbst zur Trefflichkeit gelangt sein werden.
- Die Liebe unser wird uns erfüllen, so wir zur Trefflichkeit gelangt sein werden.
- Hypatia vergaß der Niedrigkeit dieser Welt, nicht jedoch des Himmels noch ihrer selbst.
- Nimmer vergesset euer, gedenket des unsterblichen Geistes und kostet seiner.

Übung zum Partizip

Aufgabe

Verwandeln Sie sämtliche attributive und prädikative Partizipien in Nebensatzprädikate oder binden Sie diese – falls möglich – mit „und" auf gleicher syntaktischer Ebene an.

- Die Gallier, sich auf weitem Plan versammelt habend, trugen einen ungestümen Angriff wider Caesar vor.
- Schwer zu Boden gestoßen, stand der Gladiator, sich auf seinen Schild stützend, dennoch wieder auf.
- Von den Wällen zurückgetrieben, unternahmen die Feinde keinen weiteren Ansturm.
- Sich selbst nicht schauend, nimmt der Geist doch anderes wahr.
- Caesar, über stürmische See setzen werdend, sprach zu dem Schiffer: „Fürchte dich nicht; du führest den Caesar und sein Glück."
- Den Becher genommen habend, hub Sokrates, der Gottheit gedenkend, den Pokal, derselben opfern werdend.
- Die Veste der Johanniter, oftmals bestürmt werdend, hielt stand, überaus feste Mauern habend.
- In jeder Kunst, unablässig geübt werdend, vermag auch ein Mensch, weniger mit Begabung gesegnet, weit fortzuschreiten.
- Ihren Feinden unmittelbar gefolgt seiend, töteten die Germanen eine große Zahl dieser, keinem Schonung gewährend.
- Der Mensch, sein frevles Tun erkannt haben werdend, wird seine Strafe in der Reue finden.

Lösung

- Die Gallier versammelten sich auf weitem Plan *und* trugen einen ungestümen Angriff wider Caesar vor.[59]
- *Obschon* er schwer zu Boden gestoßen worden war, stand der Gladiator dennoch wieder auf, *wobei* er sich auf seinen Schild stützte.
- *Nachdem (Weil)* sie von den Wällen zurückgetrieben worden waren, unternahmen die Feinde keinen weiteren Ansturm.
- *Wenn* er *auch* sich selbst nicht schaut, nimmt der Geist doch anderes wahr.
- *Als* Caesar über stürmische See setzen wollte, sprach er zu dem Schiffer: „Fürchte dich nicht; du führest den Caesar und sein Glück."
- Sokrates nahm den Becher *und* hub, *weil* er der Gottheit gedachte, den Pokal, *um* derselben *zu* opfern.
- *Obgleich* die Veste der Johanniter oftmals bestürmt ward, hielt sie stand, *da* sie überaus feste Mauern hatte.
- In jeder Kunst, *falls* sie unablässig geübt wird, vermag auch ein Mensch, *welcher* weniger mit Begabung gesegnet ist, weit fortzuschreiten.
- Die Germanen folgten ihren Feinden unmittelbar *und* töteten eine große Zahl dieser, *wobei* sie keinem Schonung gewährten.
- *Nachdem* der Mensch sein frevles Tun wird erkannt haben, wird er seine Strafe in der Reue finden.

---

59 Möglich ist auch Übersetzung in einen temporalen Gliedsatz. Die anreihende Übersetzung mit „und" ist, wo sie möglich, stets die einfachere und unkomplikativere, auch aber semantisch dunklere Variante. Sie bietet sich dann, wenn der adverbiale Nebensinn zu stark ist, nicht an.

4 Übung zum Infinitiv

Aufgabe

Verwandeln Sie die substantivierten Infinitive in Verbalsubstantive oder Infinitive mit „(um) zu" und übersetzen Sie jeweils den gesamten grammatischen Satz in gewöhnliche Worte.

- Über das gut und glücklich Leben haben die Philosophen oft disputiert.
- Ich werde von dem Verlangen des meinen Neffen Sehens ergriffen.
- Mach des Redens ein Ende!
- Die griechischen Ärzte waren des Krankheiten Heilens kundig.
- Die Hoffnung des Siegens beflügelte der Unseren Reihen.
- Viele sind stets begierig des irgend etwas des Neuen Lernens.
- Ich hatte keine Gelegenheit des dieses und anderes Sagens.
- Wir alle sind von des glücklich Lebens Begierde entflammt.
- Sparsamkeit ist das Wissen des Vermeidens überflüssigen Aufwand oder die Kunst des Besitz besonnen Nutzens.
- Der wahre Philosoph ist gewachsen dem die Last der Gerechtigkeit Tragen.
- Zum glücklich Leben ist Tugend nötig.
- Ariovist sagte, daß alle Stämme Galliens zum ihn Angreifen gekommen seien.
- Durch nichts Tun lernen die Menschen schlecht Handeln.
- Durch den Acker sorgfältig Bestellen wird seine Frucht gemehrt.
- Der Dieb mindert seiner Beute Gewicht durch die kostbaren Dinge Auswählen.

Lösung

- Über das gute und glückliche Leben haben die Philosophen oft disputiert.
- Ich werde von dem Verlangen, meinen Neffen zu sehen, ergriffen.
- Hör auf zu reden!
- Die griechischen Ärzte waren der Heilung von Krankheiten kundig.
- Die Hoffnung zu siegen (auf den Sieg) beflügelte der Unseren Reihen.
- Viele sind stets begierig, irgend etwas Neues zu lernen.
- Ich hatte keine Gelegenheit, dieses und anderes zu sagen.
- Wir alle sind von der Begierde, glücklich zu leben entflammt.
- Sparsamkeit ist das Wissen, überflüssigen Aufwand zu vermeiden, oder die Kunst, Besitz besonnen zu nutzen.
- Der wahre Philosoph ist [der Aufgabe], die Last der Gerechtigkeit zu tragen, gewachsen.
- Um glücklich zu leben, ist Tugend nötig.
- Ariovist sagte, daß alle Stämme Galliens gekommen seien, um ihn anzugreifen.
- Indem sie nichts tun, lernen die Menschen, schlecht zu handeln.
- Durch sorgfältige Bestellung des Ackers wird seine Frucht gemehrt.
- Der Dieb mindert seiner Beute Gewicht, indem er die kostbaren Dinge auswählt.

Übung zum Flexionskasus

Aufgabe

Setzen Sie an Statt des Präpositionalkasus' den Flexionskasus, tilgen Sie gegebenenfalls die Satzteilkonjunktion („als") und bieten Sie – so möglich – eine klassische Wortstellung.

- Für den Orden kommst du als Held zurück.
- Dido machte Aeneas zum Teilhaber ihres Thrones.
- Die Sparter hatten den Mut zu ihrem Führer gewählt.
- Viele der besten Römer sind mehrmals zum Diktator gewählt worden.
- Das Blut der Christen galt als Samen ihres Stamms.
- Wer an die Gottheit glaubt, an den glaubt die Gottheit.
- Manche vergessen auf[60] ihre Sterblichkeit.
- Platon lehrt, daß wir uns lernend an längst Geschautes erinnern.
- Nicht für das Leben, sondern für die Schule lernen wir.
- Für dich sähest, für dich erntest du.
- Der Tor hält sein Laster für Tugend.
- Die ragende Troia war für ihren Untergang geschaffen.
- Agamemnon machte sich Achilleus zum Feinde.
- Alexander sank als Jüngling vollendet ins Grab.
- Cato hielt Caesar für das Verderben des Staates.
- Cicero klagte Verres wegen Raubes und wegen anderer Vergehen an.
- Stets denke an den Freund!

---

60   „vergessen auf etwas" ist österreichische Zunge.

Lösung

- Ein Held kommst du zurück dem Orden.
- Dido machte Aeneas ihres Thrones Teilhaber.
- Die Sparter hatten den Mut ihren Führer gewählt.
- Viele der besten Römer sind mehrmals Diktator gewählt worden.[61]
- Das Blut der Christen galt ein Samen ihres Stamms.
- Wer die Gottheit glaubt, den glaubt die Gottheit.
- Manche vergessen ihrer Sterblichkeit.
- Platon lehrt, daß wir uns lernend des längst Geschauten erinnern.
- Nicht dem Leben, sondern der Schule lernen wir.
- Dir sähest, dir erntest du.
- Der Tor hält sein Laster eine Tugend.
- Die ragende Troia war ihrem Untergange geschaffen.
- Agamemnon machte sich Achilleus (s)einen Feind.
- Alexander sank ein Jüngling vollendet ins Grab.
- Cato hielt Caesar des Staates Verderben.
- Cicero klagte Verres des Raubes und anderer Vergehen an.
- Stets gedenke des Freundes!

---

61   Dieser Logos ist stilistisch ziemlich grenzwertig.

6 Übung zum literarischen Kasusgebrauch

Aufgabe

Bestimmen Sie jeweils die Funktion der folgenden bloßen Genitive und Dative und bedienen Sie sich dabei des entsprechenden Fachbegriffes.

- Alles ist des Gottes voll.
- Seneca war des Trefflichen wohl kundig.
- Die Tugend ist so großer Kraft, daß den Menschen sie vergöttlicht.
- Des Trefflichen Haß fördert dem Menschen äußerste Schande.
- Nichts des Werten wohnt in ungebildeten Werken.
- Der Menschen Hoffnung ist der Menschen Furcht.
- Der Treffliche ist den Verruchten verrucht, den Trefflichen doch trefflich, der Gottheit gerecht.
- Gebt dem Kaiser, was des Kaisers ist, gebt aber Gott, was Gottes ist.
- Der Weisheit Gut kann weder gekauft noch geschenkt, sondern durch der wahren Philosophie Übung nur erworben werden.
- Nicht bist du deiner Mühen verlustig, so du dir selbst gelernt.
- Trieb ist dem Kraute, dem Tiere Mut, durchdenkender Geist doch des Menschen allein.
- Gerechtigkeit sei deiner Taten Mutter, Weisheit aber Führerin.
- Des Bösen Saat entsprießt Böses, des Guten Gutes dem Menschen.
- Des Todes und des Lebens Gewalt ist Gottes allein.
- Nicht des, dem rechter Gang und Sprache sind, ist eines Menschen Name, sondern dem, der wahrer Menschlichkeit und teilhaftig ist der Tugend.

Lösung

- Alles ist des Gottes *(genitivus totius)* voll.
- Seneca war des Trefflichen *(genitivus obiectivus)* wohl kundig.
- Die Tugend ist so großer Kraft *(genitivus qualitatis)*, daß den Menschen sie vergöttlicht.
- Des Trefflichen *(genitivus obiectivus)* Haß fördert dem Menschen *(dativus incommodi)* äußerste Schande.
- Nichts des Werten *(genitivus totius)* wohnt in ungebildeten Werken.
- Der Menschen *(genitivus subiectivus)* Hoffnung ist der Menschen *(genitivus subiectivus)* Furcht.
- Der Treffliche ist den Verruchten *(dativus iudicantis)* verrucht, den Trefflichen *(dativus iudicantis)* doch trefflich, der Gottheit *(dativus iudicantis)* gerecht.
- Gebt dem Kaiser *(Objektsdativ)*, was des Kaisers *(genitivus possessivus)* ist, gebt aber Gott *(Objektsdativ)*, was Gottes *(genitivus possessivus)* ist.
- Der Weisheit *(genitivus explicativus)* Gut kann weder gekauft noch geschenkt, sondern durch der wahren Philosophie *(genitivus obiectivus)* Übung nur erworben werden.
- Nicht bist du deiner Mühen *(genitivus obiectivus)* verlustig, so du dir *(dativus commodi)* selbst gelernt.
- Trieb ist dem Kraute *(dativus possessivus)*, dem Tiere *(dativus possessivus)* Mut, durchdenkender Geist *(dativus possessivus)* doch des Menschen *(genitivus possessivus)* allein.
- Gerechtigkeit sei deiner Taten *(genitivus obiectivus)* Mutter, Weisheit aber Führerin.
- Des Bösen *(genitivus obiectivus)* Saat entsprießt Böses, des Guten *(genitivus obiectivus)* Gutes dem Menschen *(dativus commodi)*.
- Des Todes *(genitivus obiectivus)* und des Lebens *(genitivus obiectivus)* Gewalt ist Gottes *(genitivus possessivus)* allein.
- Nicht des *(genitivus possessivus)*, dem *(dativus possessivus)* rechter Gang und Sprache sind, ist eines Menschen *(genitivus explicativus)*

Name, sondern dem *(dativus possessivus)*, der wahrer Menschlichkeit *(genitivus qualitatis)* und teilhaftig ist der Tugend *(genitivus
obiectivus)*.

Übung zum Konjunktiv I ⑦

Aufgabe

Übertragen Sie sorgfältig jeden Indikativ der folgenden Nebensätze in den Konjunktiv I und versuchen Sie in jedem Falle, das Hinübergleiten vom Objektiven zum Subjektiven zu erspüren.

- Jesus, Platon, Seneca lehren, Gott ist Geist, der keinem Leib einwohnt.
- Sulla zu Orchomenos schollt seine Soldaten, daß sie ihn feige im Stiche lassen wollten.
- Caesar lobte seine Soldaten, weil sie tapfer für ihn an der Sambre Ufern gefochten hatten.
- Cato glaubte, daß besser ist, von eigener Hand zu sterben, denn von Caesars Gunst zu leben.
- Sokrates lehrte, daß Unrecht Leiden besser ist als Unrecht Tun.
- Platon schreibt, daß man sich hüten soll, weil der Leib des Bösen Köder ist.
- Alexander fragt Diogenes, ob er einen Wunsch hat, und der antwortet, daß Alexander ihm einfach nur aus der Sonne gehen soll.
- Krates, der Kyniker, empfahl, daß man so lange philosophieren soll, bis einem die Feldherren wie Eselstreiber vorkommen.
- Nicht nur Seneca fragte, ob es Erbärmlicheres geben kann als einen Sterblichen, der sich (für) unsterblich hält.
- Niemand weiß, wann er stirbt.
- Niemand, der in eines anderen Menschen Seele blickt, wird jemals sagen können, wie die Sache in ganzer Wahrheit sich verhält.
- Als Petrus dem Herrn begegnete, soll er gefragt haben, wohin er geht.

Lösung

- Jesus, Platon, Seneca lehren, Gott sei Geist, der keinem Leib einwohne.
- Sulla zu Orchomenos schollt seine Soldaten, daß sie ihn feige im Stiche lassen wollen.
- Caesar lobte seine Soldaten, weil sie tapfer für ihn an der Sambre Ufern gefochten haben.
- Cato glaubte, daß besser sei, von eigener Hand zu sterben, denn von Caesars Gunst zu leben.
- Sokrates lehrte, daß Unrecht Leiden besser sei als Unrecht tun.
- Platon schreibt, daß man sich hüten solle, weil der Leib des Bösen Köder sei.
- Alexander fragt Diogenes, ob er einen Wunsch habe, und der antwortet, daß Alexander ihm einfach nur aus der Sonne gehen solle.
- Krates, der Kyniker, empfahl, daß man so lange philosophieren solle, bis einem die Feldherren wie Eselstreiber vorkommen.
- Nicht nur Seneca fragte, ob es Erbärmlicheres geben könne als einen Sterblichen, der sich (für) unsterblich halte.
- Niemand weiß, wann er sterbe.
- Niemand, der in eines anderen Menschen Seele blickt, wird jemals sagen können, wie die Sache in ganzer Wahrheit sich verhalte.
- Als Petrus dem Herrn begegnete, soll er gefragt haben, wohin er gehe.

Übung zur Satzgliedanalyse

Aufgabe

Detektieren Sie (im Geist) alle Prädikate, Subjekte, Objekte, Prädikativa, Adverbialia, Attribute und markieren Sie sämtliche Konjunktionen und Subjunktionen. Wo die Entscheidung zwischen Adverbialia und Partikeln im engeren Sinne schwer ist, dürfen Sie ihre Zuflucht in der Epoche suchen.

Ich will dich lehren, wie du einsehest, daß du nicht weise bist. Jener Weise ist voll der Freude, heiter und ruhig, unerschütterlich; mit den Götter lebt er auf Augenhöhe. Nun befrage dich selbst: Wenn du niemals traurig bist, keine Hoffnung dein Herz durch des Zukünftigen Erwartung beunruhigt, wenn durch Tage und Nächte gleich und entsprechend ist der Zustand deines aufrechten und sich gefallenden Geistes, bist du auf der menschlichen Tugend Gipfel gelangt. Doch falls du begehrst Genüsse sowohl in jeder Hinsicht als auch alle, sollst du wissen, daß so viel dir von der Weisheit wie [viel] von der Freude fehle. Zu dieser willst du gelangen, doch du irrst, welcher du hoffst, du werdest unter Reichtümern dorthin kommen, unter Ehrenämtern; das [nämlich] bedeutet, Freude suchst du unter Beunruhigungen. Jene Dinge, welche du so erstrebst, als ob sie Freude und Genuß gewähren könnten, sind der Schmerzen Gründe. Alle, sage ich, streben dorthin zum Vergnügen, doch, woher sie dauerhafte und große erlangen, wissen sie nicht: Jener aus Gelagen und Schwelgerei, jener aus Gunstbuhlerei und der Klienten umströmender Schar, jener von einer Geliebten, jener von seiner freien Studien nichtiger Schaustellung und mitnichten heilsamer Lektüre: All diese täuschen trügerische und kurzlebige Ergötzlichkeiten. Dieses also bedenke, dieser sei der Weisheit Effekt, nämlich der Freude Gleichmaß!

Von Lucius Annaeus Senecio ist weiterhin erschienen:

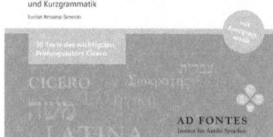

CULMINA

Latinum-Prüfungstexte mit kommentierter
Musterübersetzung und Kurzgrammatik

140 Seiten. Broschiert
ISBN 978-3-839142-79-0

FASTIGIA

Texte der Latinumsprüfung und des
Latein-Abiturs mit kommentierter
Musterübersetzung und Kurzgrammatik

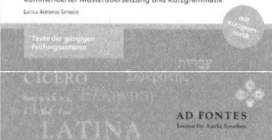

144 Seiten. Broschiert
ISBN 978-3-839191-02-6

LATEINISCHE GRAMMATIK KOMPAKT

Schnell und sicher zum Latinum

200 Seiten. Broschiert
ISBN 978-3-844812-91-6